2/16

MERCADOTECNIA

BRIAN TRACY

GRUPO NELSON
Una división de Thomas Nelson Publishers
Desde 1798

NASHVILLE   MÉXICO DF.   RÍO DE JANEIRO

© 2015 por Grupo Nelson®
Publicado en Nashville, Tennessee, Estados Unidos de América.
Grupo Nelson, Inc. es una subsidiaria que pertenece completamente
a Thomas Nelson, Inc.
Grupo Nelson es una marca registrada de Thomas Nelson, Inc.
www.gruponelson.com

Título en inglés: *Marketing*
© 2014 por Brian Tracy
Publicado por AMACOM, una división de American Management Association,
International, Nueva York.
Todos los derechos reservados.

Editora en Jefe: *Graciela Lelli*
Traducción y edición: *www.produccioneditorial.com*
Adaptación del diseño al español: *www.produccioneditorial.com*

ISBN: 978-0-71803-360-6

Impreso en Estados Unidos de América
15 16 17 18 19 DCI 9 8 7 6 5 4 3 2 1

CONTENIDO

Introducción

LA RAZÓN PRINCIPAL del éxito o el fracaso de un negocio viene determinada por el éxito o el fracaso en los esfuerzos de mercadotecnia. De acuerdo con Dun & Bradstreet, el cuarenta y ocho por ciento de todas las quiebras de empresas puede atribuirse a una ralentización o ineficacia en el área de mercadotecnia y ventas. En nuestra economía dinámica y competitiva, la promoción es la función principal de toda empresa exitosa. No importa en qué negocio te encuentres, estás metido en el «negocio de la mercadotecnia».

En este libro poderoso y práctico sobre la mercadotecnia, aprenderás o reaprenderás veintiún ideas clave, y muchas «sub-ideas», que puedes utilizar para mejorar tus resultados de planificación estratégica... comenzando desde ya.

La mercadotecnia estratégica es el arte y la ciencia de determinar lo que tus clientes presentes y futuros realmente quieren y necesitan —y pueden usar y pagar— y luego ayudarles a conseguirlo mediante la creación y estructuración de tus productos y servicios de tal manera que satisfagan las necesidades específicas de los clientes que has identificado.

El objetivo de la mercadotecnia estratégica es que puedas vender más ofertas a precios más altos en un área geográfica extensa y lograr estabilidad de mercado, fuerza y liderazgo.

Regla número uno

El punto de partida de la mercadotecnia de éxito es que recuerdes que los clientes siempre tienen la razón. Ellos compran por sus razones, no las tuyas. Los clientes son egoístas, exigentes, implacables, desleales y volubles. Pero siempre tienen la razón, en función de sus propias necesidades, anhelos, deseos y formas de pensar. Los clientes cambiarán de proveedor cuando perciban que serán mejor atendidos en otro lugar.

Tu capacidad para apelar a sus deseos reales, y de satisfacer sus gustos y necesidades tal como ellos los perciben, determinará en gran medida tu éxito en los negocios.

La mercadotecnia es un conjunto de habilidades que puede y debe ser aprendido manteniendo ciertas ideas y conceptos en mente continuamente, y preguntando sobre ciertas cuestiones vitales con regularidad. Si te tomas el tiempo de pensar las respuestas a las preguntas de este libro, perfeccionarás tus habilidades de mercantilización considerablemente.

La parte más importante de este libro es lo que haces después. Serán las acciones específicas que emprendas, y la rapidez con que tomes esas acciones, lo que determinará el valor total de este libro para ti.

Cuando leas o pienses en una acción que puedes tomar para mejorar tu mercadotecnia, actúa sobre ella inmediatamente. No te demores. Desarrolla un sentido de urgencia y de inclinación a la acción. Estas son las cualidades esenciales de todos los grandes empresarios.

UNO

El propósito de un negocio

MUCHAS PERSONAS piensan que el propósito de un negocio es simplemente obtener beneficios. El propósito real, sin embargo, como explica Peter Drucker, es «crear y mantener a un cliente». Todos los esfuerzos de un negocio de éxito están de alguna manera dirigidos a la creación de clientes. Los beneficios son el resultado de la creación y mantenimiento de clientes, de una manera rentable, a lo largo del tiempo.

El coste inicial de la creación de clientes es muy alto. El coste de mantenerlos es mucho menor que la creación en primer lugar. Si estudias las empresas que son más eficientes en mercadotecnia, verás que sus estrategias están dirigidas a crear clientes y después aferrarse a ellos.

La calidad como estrategia de mercadotecnia

Tal vez la estrategia de mercadotecnia más rentable sea la de desarrollar tus productos o servicios a un alto nivel de calidad. La calidad es la más potente y eficaz de todas las estrategias de mercadotecnia. El noventa por ciento de tu éxito en los negocios vendrá determinado por la calidad de lo que produces en un primer momento. La gente siempre va a comprar a un proveedor de calidad, pagará precios más altos y volverá una y otra vez a esa empresa que les proporciona productos y servicios de alta calidad.

¿Qué es la calidad? Este tema ha sido discutido y debatido durante años. Philip Crosby, fundador del Quality College, dijo que «la calidad es el nivel en que tu producto hace lo que dices que hará cuando lo vendes, y continúa haciéndolo después».

Tal vez la mejor definición de una *marca*, que es tu reputación en el mercado, son «las promesas que haces y las promesas que cumples». Tu tasa de calidad viene determinada por el porcentaje de veces que tu producto o servicio sigue haciendo lo que prometiste para atraer a tu cliente a comprarlo en primer lugar».

La segunda estrategia fundamental para la mercadotecnia exitosa es un servicio de calidad. Según el impacto de los beneficios en la estrategia de mercado (PIMS por sus siglas en inglés), un estudio llevado a cabo durante varios años por la Universidad de Harvard, la calidad de un producto está contenida en dos factores: el producto en sí y la forma en que el producto se vende y es servido.

No es solo el producto en sí, sino la forma en que tratas a tus clientes, desde el primer contacto y a lo largo de todo su tiempo contigo usando tu producto o servicio. La gente siempre va a volver a un proveedor de calidad de bienes y servicios, sin importar el precio.

Cómo se sienten contigo

Hay otro factor crítico en la mercadotecnia de éxito, y tiene que ver con las relaciones. Cada vez más nos encontramos con que es la calidad de nuestras relaciones comerciales el factor que determina si creamos y mantenemos a un número importante de clientes.

A veces le pregunto a mi audiencia: «¿Qué porcentaje de la toma de decisiones de las personas es emocional y qué porcentaje es lógico?».

Después de que hayan lanzado algunas respuestas, les digo: «La gente es cien por cien emocional». Deciden emocionalmente, y luego justifican lógicamente. Es lo que sienten, y sobre todo la forma en que creen que van a sentirse después de la compra, lo que determina si finalmente van a comprar.

Jan Carlzon, el expresidente de SAS Airlines que hizo del Grupo SAS una de las empresas más rentables de Europa, escribió un libro sobre sus experiencias llamado *El momento de la verdad*. En este libro revolucionario, señaló que cada contacto con el cliente es un «momento de la verdad» que tiene un efecto y puede determinar en gran medida si el cliente hará, o no, negocios contigo otra vez. Dado que el costo de satisfacer a un cliente existente es aproximadamente una décima parte del costo de la mercadotecnia, la publicidad, la promoción y la venta a un nuevo cliente, invariablemente son las empresas que pueden crear y mantener clientes cuidándolos de forma excelente las más rentables y de mayor crecimiento.

Comprar clientes

Cada compañía está en el negocio de la «compra de clientes». Todas las empresas tienen un «coste de adquisición» específico, sepan o no cuál es. Este es quizás el factor de coste más importante para el éxito de cualquier negocio.

Tu coste de adquisición se compone de todo el dinero que pagas a cualquier persona, y de cualquier manera, para comprar a un cliente por primera vez. Una empresa se mantiene en el negocio si puede comprar clientes a una cantidad inferior a la ganancia neta que el cliente va a rendir a la empresa en el curso de su vida útil como comprador.

Cada vez que lees acerca de empresas que tienen ventas por valor de millones o incluso miles de millones de dólares, pero aun así pierden dinero, estás viendo un ejemplo del viejo dicho: «Perdemos dinero en cada venta, pero esperamos recuperarlo con el volumen».

Cuando las empresas pierden dinero, es sobre todo porque el costo de adquisición de un cliente individual para la compañía es mayor que el beneficio total que el cliente va a rendir a la empresa.

Si tu empresa puede comprar clientes a un costo menor que el beneficio que puedes obtener de ese cliente, puedes pagar casi cualquier cantidad para comprar más y más clientes. Este es uno de los grandes secretos del éxito en los negocios, y es un requisito básico para la mercadotecnia eficaz.

DOS

Cuatro aproximaciones a la mercadotecnia de éxito

HAY CUATRO maneras en que puedes acercarte a tu mercado con tus productos y servicios.

Crear utilidad

La primera es mediante la creación de *utilidad*, rendimiento, y satisfaciendo las necesidades de tus clientes para lograr un resultado específico. Este enfoque requiere que ofrezcas a los clientes algo que necesitan y puedan utilizar para lograr sus otros objetivos. Un ejemplo perfecto es una pala o un camión, cada uno de los cuales tiene un valor de utilidad, pero pueden no ser el fin que el cliente tiene en mente. Habrás oído decir que «la gente no compra productos, sino resultados».

Un ejemplo de una nueva industria que fue construida según el valor de utilidad o las necesidades es FedEx. Años antes de que Apple creara nuevas industrias para el iPod, el iPhone y el iPad, FedEx creó una industria para el correo nocturno que no existía antes. Fred Smith, el fundador de FedEx, vio una inmensa necesidad de envíos rápidos y entrega de paquetes durante la noche debido a la lentitud del correo regular.

Mira tu mercado actual. ¿Qué querrán, necesitarán y estarán dispuestos a pagar tus clientes actuales y potenciales en los meses y años venideros? Como dijo Peter Drucker: «Las tendencias lo son todo». ¿Cuáles son las tendencias en la demanda de los clientes en tu mercado? Si puedes responder a esta pregunta con precisión, a menudo podrás pasar por encima de tu competencia y dominar un nuevo mercado incluso antes de que este emerja.

Precios correctos

Un segundo enfoque de la mercadotecnia es cambiar los precios. Al llevar tus productos y servicios al rango de precio de tus clientes, puedes abrir mercados totalmente nuevos que a día de hoy no existen. Henry Ford se convirtió en uno de los hombres más ricos del mundo después de luchar financieramente durante décadas, porque tenía esta rara perspicacia. Vio que mediante la producción masiva de automóviles podría bajar el precio hasta el punto que la mayoría de estadounidenses podría permitirse uno. Al lograr este objetivo revolucionó para siempre la fabricación y el consumo de masas.

Muchas empresas han sido capaces de lograr el liderazgo del mercado centrándose en llevar sus precios al rango de asequibilidad de más clientes. Lo que hemos encontrado es que cuanto mayor sea tu cuota de mercado, y menor el costo de producción, menor será el precio que puedas cobrar. Los japoneses utilizan esta estrategia brillantemente año tras año. En primer lugar, bajan lo más posible los precios de sus productos y servicios para ganar cuota de mercado. A medida que adquieren cuota de mercado, comienzan a disfrutar de economías de escala, fabricando sus productos a precios cada vez más bajos. A continuación trasladan su ahorro a sus clientes con precios aún más bajos y aumentan su cuota de mercado una vez más. Con el tiempo, terminan dominando muchos de los mercados donde han entrado.

La realidad de tu cliente

La tercera estrategia en mercadotecnia es adaptarte a la realidad del cliente, tanto social como económica. Un ejemplo perfecto es cómo Sears se convirtió en el mayor minorista del mundo de su época al introducir una política de garantía de devolución incondicional del dinero en el catálogo del negocio.

La realidad del cliente hasta ese momento era que si compraba algo que no funcionaba o no le servía, se tenía que quedar con ello. Sears se dio cuenta de que la manera de superar esa barrera principal ante la compra era adaptar su oferta de productos a la realidad del cliente, lo que llevó a una revolución en las ventas promocionales y al por menor.

Cada producto ofrece un «beneficio clave», que es la razón principal por la que el cliente podría adquirir ese producto. Cada producto o servicio también desencadena un «temor clave», que es lo que refrena al cliente de comprar el producto o servicio en primer lugar. Por ejemplo, los clientes tienen miedo al riesgo. Tienen miedo de pagar demasiado a cambio de un producto equivocado, perdiendo su dinero y quedándose con algo que no es conforme a sus propósitos.

Sea cual sea su temor, es la razón principal de abstenerse de comprar cualquier producto o servicio, a cualquier precio.

Cuando puedes destacar el beneficio clave, el valor añadido único que un cliente recibirá al comprar tu producto o servicio, y al mismo tiempo anular su mayor miedo, puedes abrir un enorme mercado para lo que vendes.

Entregar verdadero valor

El cuarto enfoque de la mercadotecnia estratégica es que puedas entregar lo que representa un «verdadero valor» para el cliente. El verdadero valor solo se puede identificar mediante una estrecha colaboración con tus clientes.

IBM es el ejemplo perfecto. En su apogeo, la compañía controlaba el ochenta por ciento del mercado mundial de las computadoras, y debido a buenas razones. IBM descubrió que en el campo de equipos de alta tecnología y de alta gama vendidos por cientos de miles o millones de dólares, no era la funcionalidad del equipo lo que atraía a los compradores tanto como la garantía de que el ordenador sería revisado y reparado rápidamente si algo se estropeaba. IBM no solo proporcionaba productos de computación de primera categoría, sino también la seguridad de que una vez que comprabas a IBM, estabas protegido con el que quizá era el mejor servicio técnico del mundo si el equipo se estropeaba por cualquier razón. Esto era un «verdadero valor».

Tres preguntas clave en mercadotecnia

HAY TRES preguntas clave en lo que respecta a la mercadotecnia, sobre todo con un nuevo producto o idea. A menudo,
si tus ventas de un producto existente no son satisfactorias
por cualquier motivo, puedes hacerte estas tres preguntas.
La mayoría de las empresas hacen la pregunta número uno,
pero es sorprendente cómo muchas empresas a las que ase-
soro nunca se han planteado las otras.

¿Existe un mercado?

La primera pregunta es: «¿Existe un mercado?». ¿Hay gente
ahí fuera que de verdad comprará el producto o servicio
que estás pensando traer al mercado? Recuerda que la pro-
porción básica de éxito/fracaso en los nuevos productos
es 80/20. Es decir, que el ochenta por ciento de todos los
nuevos productos van a fallar. No lograrán una cuota de

mercado importante y la empresa perderá dinero y, a veces, irá a la quiebra.

El veinte por ciento de los nuevos productos tendrá éxito recuperando los costes de inversión y obteniendo ganancias. Uno de estos veinte será una estrella. De los cien nuevos productos que se introducen en el mercado en un año determinado, solo uno va a ser un éxito de ventas absoluto. Piensa, por ejemplo, en el mercado de nuevas aplicaciones para teléfonos inteligentes.

Estudio de mercado

En 2012, las empresas estadounidenses gastaron más de ocho mil millones de dólares en investigaciones de mercado de toda clase. La razón principal por la que las empresas compran estudios de mercado es descubrir si hay o no un mercado para un nuevo producto o idea de servicio, quién o qué constituye ese mercado y qué tendría que hacer ese producto o servicio para ser vendido a un precio que produzca un beneficio suficiente. Y aun con toda esta investigación de mercado, el ochenta por ciento de los nuevos productos y servicios fracasan en el primer o segundo año.

Hoy en día, hay una estrategia mejor. Y es «conseguir al cliente primero». Cada vez que tengas un nuevo producto o idea de servicio, llama inmediatamente a un cliente en persona (sin encuestas, cuestionarios o grupos de discusión) y dile que tienes esta nueva idea de producto o servicio. ¿Él o ella lo compraría? ¿Cuánto pagaría por ello? ¿Qué defectos o debilidades ve el cliente en tu idea inicial para un nuevo producto o servicio?

Haciendo pruebas de mercado anticipadas y pidiendo a tus clientes sus opiniones sinceras, puedes acelerar drásticamente el «plazo de comercialización» y reducir al mismo tiempo tus costes de desarrollo de nuevos productos.

¿Cuál es el tamaño del mercado?

La segunda pregunta que necesitas hacerte es si el mercado para tu producto o servicio es *lo suficientemente grande*. Esta es una pregunta que, por sorprendente que parezca, la gente no se cuestiona ni responde. Sin embargo, necesitas saber: ¿puedes vender lo suficiente de tu producto o servicio para que sea económicamente rentable?

En tu análisis inicial, determina exactamente cuánto va a costar producir tu producto o servicio, y el precio que tendrás que alcanzar con el fin de hacer el producto o servicio rentable, sobre todo en comparación con otras maneras en que puedes gastar esa misma cantidad de dinero.

A continuación, determina el número de unidades de tu producto que tendrás que vender en una semana, un mes y un año para hacer de él una buena inversión de tu tiempo y esfuerzo. Por último, determina si hay suficientes clientes potenciales que vayan a comprar tu producto o servicio en el lapso de tiempo que has predicho.

¿Está el mercado concentrado?

La tercera pregunta es: «¿Está el mercado lo suficientemente concentrado?». El hecho de que puedas encontrar a gente en diferentes lugares que digan que comprarían tu producto o servicio no es garantía de que el mercado esté lo suficientemente concentrado para que puedas acceder a él con los métodos de publicidad y canales de comercialización existentes.

Puedes descubrir que hay un mercado para cien mil unidades de un nuevo producto o servicio, pero este se extiende por toda América del Norte en diez mil ciudades, pueblos y aldeas. ¿Cómo vas a llegar a ese mercado de forma rentable? Recuerda, estás en el negocio de comprar clientes. Una vez que tienes un producto que la gente va a comprar, tu coste de adquisición será un factor crítico para determinar tu éxito o fracaso.

Un producto o servicio para el que existe un gran mercado puede no ser factible para ti, simplemente porque no puedes promocionarte en ese mercado con los soportes publicitarios o a través de los canales de comercialización existentes. La buena noticia es que es posible poder llegar a mercados mucho más especializados en áreas pequeñas gracias a Internet, y a precios más bajos que nunca.

Se ha dicho que Internet es la mejor y *la peor* de todas las herramientas de mercadotecnia. Es la peor porque la mayoría de la gente a la que te acerques no tendrá ningún interés y probablemente borre tus mensajes nada más recibirlos. Es la *mejor* porque puedes llegar a cientos de miles e incluso a millones de clientes potenciales a un costo muy bajo, lo que te permite encontrar la proverbial «aguja en un pajar».

CUATRO

Estudio de mercado e inteligencia de mercado

HAY MUCHOS paralelismos entre la estrategia de mercadotecnia y la estrategia militar. El objetivo de ambas estrategias es ganar, en el mercado y en el campo de batalla. Todas las campañas militares exitosas se basan en la inteligencia y el conocimiento excelente del enemigo. Todas las campañas de mercadotecnia exitosas se basan en una buena investigación y una buena inteligencia de mercado: conocer lo que tus competidores están haciendo y qué más está pasando en el mercado.

Recuerda, tú no eres Steve Jobs. Nunca es una buena idea confiar en tus propios sentimientos u opiniones acerca de lo que los clientes van a comprar o no. Necesitas someter tus pensamientos, sentimientos e ideas a la fría y dura realidad de la investigación de mercado y de las opiniones de otras personas.

Pide su opinión

Hoy un estudio de mercado puede realizarse en una gama de maneras eficaces y de bajo coste. Probablemente tu primera línea de ataque debería ser una encuesta a clientes a través de Internet. Nuestro favorito es SurveyMonkey. com, un servicio gratuito que te permite reunir una serie de preguntas para sondear a una población grande de forma rápida y obtener respuestas breves y precisas para tus cuestiones de mercadotecnia. Puedes elaborar tu lista de correo con los nombres de tus clientes y tus no clientes del pasado.

Otra forma de hacer investigación de mercado, como he mencionado en el capítulo anterior, es llamar por teléfono directamente a algunos de tus mejores clientes, tus «clientes de toda la vida», y pedirles sus opiniones y consejos sobre esta nueva idea de producto que tienes. Tal vez puedas juntarlos en un almuerzo o incluso para una reunión después de cenar. Sus observaciones y comentarios francos pueden serte de gran valor.

Otra forma de hacer una investigación de mercado, una de las más antiguas y populares, es el uso de un grupo de enfoque. Reúne a un grupo de tus clientes consumados o clientes potenciales, siéntalos alrededor de una mesa y haz tantas preguntas como te sea posible sobre lo que piensan de tu nueva idea de producto o servicio. Ellos te dirán tus fortalezas y debilidades, y lo que piensan de tu precio, presentación y de casi todos los demás factores sobre los que les preguntes... incluyendo tus competidores.

Cuatro preguntas

Los estudios de mercado exitosos se basan en un análisis cuidadoso y en respuestas precisas a las preguntas correctas. Hay cuatro preguntas importantes, descritas aquí, que necesitas incluir.

¿QUIÉN ES TU CLIENTE?

¿Quién compra tu producto ahora? ¿Quién lo compró en el pasado? ¿Quién es probable que lo compre en el futuro? ¿Cuáles son sus edades, nivel educativo, ingresos, gustos actuales o patrones de consumo, ocupaciones, estructura familiar, etcétera? Estas son las *características demográficas* de tus clientes, los factores observables de un cliente, y son el punto de partida de toda investigación de mercado.

También necesitas conocer la *psicografía* de tus clientes. Estos son sus pensamientos, sentimientos, valores, actitudes, deseos, necesidades, esperanzas, sueños, ambiciones y aspiraciones.

¿DÓNDE ESTÁ TU CLIENTE?

La geografía es especialmente importante en la determinación de cuándo y cómo vas a promocionar tu producto o servicio. ¿Es tu cliente principalmente urbano o rural, está en los barrios ricos o en las zonas de clase media?

La primera tienda de galletas que Debbi Fields abrió fue un fracaso. A causa de su ignorancia sobre la mercadotecnia de venta directa, la instaló en una calle lateral a pocos pasos de la principal, por donde la gente pasaba. Como resultado, nadie caminaba por delante de su tienda, y vendió muy pocas galletas.

Cuando abrió su segunda tienda Mrs. Fields, pagó un alquiler más alto pero se situó en una acera principal, donde la gente iba y venía todo el tiempo por delante de la tienda y no podía dejar de ver sus galletas expuestas en la vitrina. El resto es historia. Antes de que se diera cuenta,

Debbi Fields había abierto más de trescientas tiendas y creado una fortuna de quinientos millones de dólares.

¿CÓMO COMPRA TU CLIENTE?

Esta tercera pregunta explora si tu cliente suele comprar tu producto a través del correo publicitario, al por mayor, al por menor o vía Internet.

Napoleon Hill escribió una vez: «Nunca pretendas atentar contra la naturaleza humana y ganar». Lo que quería decir era que las personas son criaturas de hábitos. Están acostumbradas a comprar las cosas de una determinada manera. Puede llevarles un tiempo largo, si acaso lo consiguen, que se acostumbren a comprar un producto o servicio de una manera diferente a la forma que saben.

Por supuesto, hay grandes excepciones. Piensa en Amazon. Los hombres y mujeres ocupados en responsabilidades laborales y familiares pueden obtener un producto o un servicio más rápido pidiéndolo en Amazon que yendo a una tienda y comprando el producto o servicio en su tiempo libre, algo de lo que cada vez tienen menos cantidad.

¿QUÉ HACE?

La pregunta final es: «¿Para qué se utiliza el producto o por qué es comprado?». ¿Qué es lo que tus clientes piensan hacer con el producto o servicio una vez lo compran? Los clientes no compran únicamente productos o servicios. Compran el beneficio, el cambio, la mejora o el resultado que prevén disfrutar como consecuencia de tomar la decisión de compra. Debes tener muy claro cómo y por qué tus clientes harán mejor en comprar y usar tu producto o servicio que si no lo hicieran, o si se lo compraran a un competidor.

Un descubrimiento simple

En mi carrera he tenido todo tipo de experiencias con los estudios de mercado. Un buen ejemplo fue cuando empezamos a importar vehículos de Suzuki con tracción a las cuatro ruedas desde Japón. Establecimos sesenta y cinco concesionarios en todo el oeste de Canadá y experimentamos una variedad de resultados de ventas, algunos excelentes y algunos bastante pobres.

Contratamos a una empresa de estudios de mercado para hacer una investigación «deprisa y corriendo» para averiguar quién estaba comprando nuestros vehículos y dónde teníamos las ventas más altas.

La firma telefoneó a cientos de nuestros compradores y descubrió, para sorpresa de nadie, que las personas que estaban comprando estos vehículos todo terreno eran personas que vivían cerca de las montañas y otras áreas donde la tracción a las cuatro ruedas era muy útil. Las personas que vivían en zonas planas y en ciudades donde los vehículos todo terreno eran de poco uso no eran muy buenos clientes potenciales.

Una vez que tuvimos esta investigación, los resultados nos parecieron bastante lógicos. Pero hasta que hicimos la investigación, no nos dimos cuenta de lo importante que era. Como resultado de estos hallazgos, cambiamos nuestros presupuestos de publicidad, nuestras actividades de promoción y nuestras asignaciones de vehículos a concesionarios. Nuestras ventas se dispararon. Dejamos de tratar de vender a las personas que no eran buenos clientes potenciales y centramos todos nuestros esfuerzos en las personas que era más probable que compraran rápido.

CINCO

Mercadotecnia enfocada en el cliente

LA MERCADOTECNIA de éxito coloca al cliente en el centro de toda la planificación y toma de decisiones. Todo el mundo en la empresa se centra en el cliente en todo momento. La empresa desarrolla una obsesión por el servicio al cliente. Los empleados se comunican, interactúan y permanecen cerca de sus clientes. El contacto continuo con el cliente y los estudios de mercado son esenciales para la persistencia de la satisfacción del cliente.

Cuando Buck Rodgers era presidente de operaciones de Estados Unidos en IBM, hizo hincapié en que cada persona de la corporación debía considerarse a sí misma como un representante de servicio al cliente. Tu empresa tendrá éxito en la medida en que cada persona de tu plantilla piense en los clientes todo el tiempo. Esto también incluye a las personas que barren el suelo, conducen los camiones o contestan el teléfono.

Aduéñate del problema

Mi ejemplo favorito de esta actitud fue cuando llevaba seminarios para IBM y me equivoqué averiguando dónde se celebraba el seminario al día siguiente. Llamé por teléfono de costa a costa después del horario de oficina para ver si podía obtener una respuesta. Cuando un hombre contestó el teléfono en las oficinas de IBM, le expliqué mi dilema y él me dijo que me daría una respuesta lo más pronto posible.

En quince minutos me devolvió la llamada y me dijo que se había puesto en contacto con el organizador del seminario y averiguado el nombre y la dirección del hotel donde tenía que estar al día siguiente después de mi vuelo a través el país. Le di las gracias y luego dije: «Sé que te estoy llamando fuera del horario. Seguro que has estado trabajando hasta tarde». Él respondió: «Por supuesto que estoy trabajando hasta tarde. Soy el conserje».

Le dije que apreciaba mucho su ayuda y le pregunté cómo fue capaz de conseguirme esta información. Él respondió con estas maravillosas palabras: «Aquí en IBM, quien contesta al teléfono se adueña del problema».

Piensa en tu cliente

Hay una ley metafísica de concentración que dice: «Aquello en lo que centras, se expande». Esto significa que sea lo que sea aquello en que pienses y reflexiones continuamente crece y aumenta en tu realidad.

Cuando te centras en la satisfacción del cliente, en hacer felices a tus clientes de todos los modos posibles, descubres continuamente nuevas y mejores formas de lograr este objetivo. ¿Cuál es tu filosofía de empresa? ¿Estás decidido a satisfacer a tus clientes al máximo y de la mejor manera posible?

Cuando pienses en tus clientes todo el tiempo, entonces tus clientes pensarán en ti. Cuando conviertes a tus clientes en el foco central de tu atención, descubrirás modos más rápidos, mejores y más fáciles y asequibles para satisfacerles, y ellos te recompensarán regresando una y otra vez.

Servicio de restaurante

Uno de mis restaurantes de marisco favoritos es una cadena nacional llamada Truluck's. Desde mi primera visita a un restaurante Truluck's (y he visitado muchos de estos restaurantes en diferentes partes del país), me di cuenta de una característica que no se suele experimentar en otros restaurantes. El servicio era absolutamente *excelente*. Cada persona en la empresa, desde la persona que contestaba el teléfono para aceptar mi reserva hasta el ayudante de camarero que retiraba los platos y llenaba los vasos de agua, era absolutamente maravillosa en términos de servicio al cliente.

Cuando le pregunté al gerente de un Truluck's por mi percepción, sonrió con aires de culpabilidad y me dijo que el servicio es el foco central y la obsesión de todos en la compañía, desde el presidente hasta el lavaplatos de la cocina. Los dueños del restaurante habían llegado pronto a la conclusión de que siempre habría otros restaurantes de marisco, e incluso otros restaurantes de marisco caros, por lo que no podían competir simplemente en base a la comida. Tenían que competir en base a algo que conectara con los clientes emocionalmente, y eso era la calidez y efusividad en el servicio al cliente.

Tu estrategia de servicio de calidad

En el capítulo uno hablé sobre el desarrollo de una estrategia de servicio de calidad para tu negocio. ¿Cómo podrías hacer que tu servicio al cliente fuera más rápido, más eficiente, más cálido y más centrado en el cliente que tus competidores? A menudo, este puede ser el factor que te proporcione una ventaja competitiva en tu mercado.

Cuando identifiques tu mercado objetivo y tu cliente ideal o perfecto, el cliente que más deseas atraer y que te compre, es posible que tengas que cambiar tu posicionamiento para que apeles exactamente a ese cliente. ¿De qué manera son tus mejores clientes diferentes a otras personas, y qué recursos podrías desarrollar para aquellos clientes que más deseas atraer y mantener?

SEIS

Por qué compra la gente

LA GENTE COMPRA productos y servicios para satisfacer sus necesidades. En economía se dice que cada acción que tú o yo tomamos se debe a lo que se llama «sentido de insatisfacción». Nos sentimos insatisfechos en nuestra condición actual por alguna razón. Debido a esta insatisfacción, estamos motivados o impulsados internamente a tomar una acción de algún tipo para aliviar esta insatisfacción. Piensa en el ejemplo de sentarse sobre un alfiler. El malestar desencadena una acción inmediata para aliviar el dolor y lograr un estado de mayor satisfacción, que no implique el alfiler.

El modelo ABC

Hay un principio ABC en la motivación humana. En este caso, las letras corresponden a antecedentes, búsquedas y consecuencias.

Los *antecedentes* representan alrededor del quince por ciento de la motivación para comprar un producto, o para actuar de cualquier manera. Los antecedentes se componen de experiencias anteriores, pensamientos, sentimientos y otros factores.

Las *consecuencias* representan el ochenta y cinco por ciento de la motivación para realizar un acto o comprar un producto o servicio.

La letra B intermedia se refiere a la necesaria *búsqueda* que hace pasar de los antecedentes a las consecuencias.

En este modelo simple, los antecedentes son la insatisfacción sentida, ya sea real o provocada por la publicidad y la promoción. Las consecuencias son el estado de mayor satisfacción o placer que el cliente anticipa disfrutar comprando y usando tu producto o servicio. La búsqueda es la acción que el cliente debe tomar para ir de A a C.

La claridad es esencial

Una de las razones de la pasividad, la parálisis o la falta de acción para comprar tu producto, independientemente de tu publicidad o actividades de promoción, es que tus clientes potenciales no ven ni entienden cómo van a estar mejor con la compra de tu producto o servicio. Aún más, tu clientela potencial no ve cómo va a estar *mucho mejor* para justificar el coste, gasto y dificultad de pasar de su estado presente al presuntamente mejor estado que tu producto o servicio ofrece.

La gente siempre compra productos y servicios para mejorar sus condiciones de alguna manera, para lograr un estado mayor de satisfacción. La gente no va a comprar un producto o servicio a menos que sientan que recibirán una mejora que justifique el costo y la molestia de hacer la compra en primer lugar. Enfocar tus esfuerzos de mercadotecnia en la forma en que tu cliente potencial va a estar mejor es la clave del éxito en publicidad y promoción.

El problema a resolver

La gente compra *soluciones* a sus problemas. Piensa siempre en términos de un «problema que hay que resolver». ¿Cuál es el problema que tu producto o servicio va a resolver para tu cliente potencial?

La gente compra la satisfacción de sus *necesidades*. ¿Cuál es la «necesidad a satisfacer» que tu producto o servicio puede ofrecer a tu cliente potencial?

La gente compra para conseguir sus *objetivos*. ¿Cuál es el objetivo que tu producto o servicio ayudará a conseguir a tus clientes, y qué es lo suficientemente importante para que el cliente invierta dinero, tiempo y problemas para adquirirlo?

La gente compra porque tiene una *incomodidad* que tu producto o servicio va a eliminar. ¿Cuál es la incomodidad que tu producto o servicio resuelve para tu cliente?

¿Cómo se sentirán?

Uno de los descubrimientos más importantes que salieron de la investigación de Harvard de Theodore Levitt es que la gente compra la *sensación* que anticipan que van a disfrutar como resultado de la compra y el uso de tu producto o servicio. ¿Cuál es la sensación exacta que tus clientes podrán disfrutar cuando compren lo que vendes? No es el producto o servicio en sí mismo; siempre es la emoción que tu producto o servicio desencadena o estimula.

La gente compra por satisfacción *psíquica* —es decir, por razones emocionales— mucho más que por cualquier otra razón. ¿Cuál es la emoción más importante que la gente disfrutará como resultado de la compra y uso de tu producto o servicio?

Esta es la razón por la cual la calidad, el servicio y sobre todo las relaciones son tan importantes. Generan el componente emocional de cualquier producto o servicio en la mente del cliente. Generan sentimientos de seguridad, comodidad, estatus, prestigio, calidez y conexión personal. ¿Qué espera sentir exactamente tu cliente al pensar en la compra de tu producto o servicio? ¿Cómo podrías adaptar tus esfuerzos en mercadotecnia para desencadenar esta emoción en tus clientes ideales?

Ahorra o gana tiempo o dinero

La gente de negocios compra productos y servicios para ahorrar o ganar tiempo o dinero. El tiempo y el dinero son casi intercambiables en términos de resultados de negocio. Cada recurso dirigido al ahorro de tiempo o dinero, o a la ganancia de tiempo o dinero, es un gran aliciente emocional para las personas de negocios que hacen depender su éxito y seguridad de los resultados personales y financieros.

Deseo de ganar, miedo a perder

Hay dos motivaciones básicas que subyacen en todas las acciones: el deseo de ganar y el miedo a perder. ¿Cómo apela tu producto o servicio a estas necesidades? ¿Cómo ayuda tu producto o servicio a los clientes a obtener algo que desean, o a evitar la pérdida de algo que ellos valoran?

Cuanto más básica sea la necesidad que el cliente tenga, más sencillo y directo será el atractivo que consiga resultados. Las necesidades de supervivencia y seguridad son los motivadores más poderosos. La gente quiere sobrevivir y estar segura y están fuertemente motivados para tomar todas las medidas necesarias para evitar la pérdida de seguridad y protección. Si estás apelando a la necesidad de seguridad, como un sistema de seguridad con alarma de humos para el hogar, entonces tu apelación puede ser bastante básica, algo así como: «No dejes que tu familia muera por la noche. Proporciónales la seguridad necesaria». Este mensaje ataca directamente al corazón del asunto y desencadena el deseo por parte del cliente potencial de tomar una acción de compra de algún tipo.

Si lo que estás vendiendo es una necesidad compleja o indirecta, como perfume o joyas, entonces tu enfoque de mercado tiene que ser mucho más sutil. Quizás el más famoso anuncio de perfume fue el cartel y los anuncios a toda página en las revistas que protagonizaba Catherine Deneuve, donde aparecía junto a una botella de Chanel No. 5, diciendo: «Tú lo mereces».

Sé creativo

Cuando Steve Jobs regresó a Apple en 1996, la compañía casi había quebrado. Vio que no podían hacer crecer a la empresa vendiendo los mismos productos que habían estado comercializando durante más de veinte años. Necesitaban un producto innovador que abriera un mercado totalmente nuevo para ellos. Steve Jobs finalmente dio con lo que se conoció como el iPod.

Producir el iPod requirió una tecnología completamente nueva, y avances en la tecnología antigua, pero también requirió remodelar por completo todo el mercado de la venta y obtención de canciones para ponerlas en un dispositivo de bolsillo.

Después de desarrollar el producto, negociar contratos de compra de canciones individuales con la mayoría de las grandes compañías discográficas, crear la tienda en línea iTunes y prepararse para salir al mercado, Apple seguía luchando por encontrar un simple eslogan publicitario que resumiera los beneficios del iPod para las personas que nunca habían visto o utilizado un producto semejante. Por último, se les ocurrió la consigna rompedora «Mil canciones en tu bolsillo». El resto es historia. Apple vendió cincuenta millones de iPods al cincuenta por ciento de beneficio. Este producto empezó el ascenso de Apple para convertirse en la compañía con más valor del mundo.

¿Cuál es el eslogan tipo «Mil canciones en tu bolsillo» que podrías desarrollar para tu producto o servicio más importante? Un cambio en la forma en que apelas a tus clientes puede transformar tu mercadotecnia y tus resultados de ventas de la noche a la mañana.

SIETE

Análisis de la competencia

EN LA ESTRATEGIA MILITAR, todas las decisiones se toman en función de pensar y entender lo que tu enemigo está haciendo y es probable que haga. A veces se llama a esto «respuesta competitiva». Es un factor vital para tu toma de decisiones en un mercado competitivo.

Por esta razón, el análisis de la competencia es una de las actividades más importantes en las que puedes participar. Es el punto de partida para diferenciar tu producto o servicio frente a todos tus competidores. Requiere que entiendas a tu competidor y los beneficios o cualidades percibidos de su producto o servicio a un nivel profundo.

Identifica a tus competidores

¿Quiénes son tus competidores? Tu competencia determina cuánto vas a vender; dónde lo venderás; el volumen, la calidad y la mezcla de productos y servicios; y la rentabilidad de tu negocio. Determinará si tendrás éxito o no, la cantidad de beneficios que harás con las ventas y cuánto ganarás en tus inversiones.

Conocer a tu competencia es fundamental. Usando de nuevo un ejemplo militar: no puedes ganar una campaña militar sin considerar cuidadosamente y aprender sobre tu enemigo, y mediante el posterior uso de ese conocimiento para derrotar a tu enemigo en campo abierto o en el mercado abierto.

También necesitas preguntarte honestamente por qué la gente le compra a tu competencia. ¿Qué beneficio o ventaja ven al comprarles a tus competidores? ¿Cuáles son las fortalezas que posee tu competencia y qué podrías hacer para compensarlas?

¿Por qué deberían cambiar?

Otra pregunta con respecto a tus clientes que actualmente utilizan los productos de la competencia es: «¿Por qué deberían cambiar?». ¿Por qué cambiaría alguien a un proveedor con el que está satisfecho para comprar tu producto o servicio? Debes ser capaz de dar respuesta a esta pregunta en veinticinco o menos palabras. Si no puedes responder a esta pregunta de manera rápida y convincente, significa que es probable que no sepas la respuesta.

Está generalmente acordado que necesitas al menos tres razones para que los clientes pasen de un proveedor existente con los que están bastante satisfechos a comprarte a ti por primera vez. ¿Cuáles son esas tres razones para tu producto o servicio? ¿Cuáles podrían ser? ¿Cómo podrías tú presentarlas de manera tal que desencadenen la acción de compra por parte de tus clientes potenciales ideales?

Una de tus mejores fuentes de análisis de la competencia es preguntar a tus no clientes por qué prefieren los productos de tus competidores. A veces, te darán ideas que te permitirán modificar tu producto o servicio para neutralizar la ventaja percibida que tiene tu competencia.

¿Cuál es tu competencia?

¿Cuál es tu competencia? Esto es diferente de «¿Quién es tu competencia?». Muy a menudo tu competencia no es otra empresa que vende un producto o servicio similar para competir contra ti; en lugar de ello puede ser la ignorancia de mercado: la gente no sabe acerca de tu producto o servicio, y cuánto mejor pueden estar cuando lo usan. Podría ser que lo que necesites no sea anunciar y publicitar en contra de tu competencia, sino aumentar el conocimiento de mercado a través de las relaciones públicas, la publicidad y la promoción.

Cuando trabajaba para Carnival Cruise Lines como orador y formador, les preguntaba a los ejecutivos de la compañía: «¿Quién es tu competencia?». Tenían muy clara la respuesta. No eran otras líneas de cruceros. Era la costumbre de la gente de tomar vacaciones en tierra en lugar de cruceros marítimos. A su juicio, solo se había aprovechado el cinco por ciento del mercado potencial para pasajeros de cruceros, sumando todas las líneas de cruceros. Había demasiadas personas convencidas de que las vacaciones en tierra eran superiores. Su competencia real era esta percepción de la diferencia entre unas vacaciones en tierra y unas en el mar.

Cuando me dirijo a un público de vendedores, les señalo que el ochenta por ciento de los clientes que pueden comprarles ni siquiera son conscientes de que su empresa o producto existe en el mercado. Aun con todas las actividades de publicidad, promoción y venta de tu empresa, el ochenta por ciento de todas las personas que podrían comprar tu producto o servicio ni siquiera son conscientes de tu existencia.

Desafía tus supuestos

¿Cuáles son tus supuestos principales acerca de tu competencia? Las suposiciones erróneas se encuentran en la raíz de la mayoría de los fracasos de mercadotecnia. ¿Podrían tus suposiciones sobre tu competencia estar equivocadas? Si lo estuvieran, ¿qué tendrías que hacer de manera diferente?

Hoy estamos viviendo en la era del iPhone de Apple y el Samsung Galaxy. En 2006, antes de la introducción de estos teléfonos, Nokia tenía el cuarenta y nueve por ciento del mercado de telefonía celular, y BlackBerry tenía otro veintinueve por ciento, mayoritariamente en el mercado empresarial.

Cuando el primer iPhone fue anunciado en 2006 y puesto en el mercado en 2007, Nokia y BlackBerry cometieron el mismo error fatal. Dijeron: «El iPhone es solo un juguete; nadie quiere tener un dispositivo que les permita comunicarse y conectarse con todos sus amigos, además de tener correo electrónico, mensajería y aplicaciones. Se trata de una moda pasajera en la que nosotros no tenemos que pensar».

Hoy, ambas compañías están acabadas. Puesto que tenían suposiciones equivocadas sobre el impacto del iPhone en el mercado de la telefonía móvil, llevaron a dos de las marcas más grandes y rentables del mundo a la ruina en cinco años.

¿Cuáles son tus suposiciones acerca de tu competencia, incluyendo lo que están haciendo ahora y lo que podrían hacer en el futuro?

El error más grande y frecuente con respecto a nuestros competidores es no respetarles lo suficiente. Subestimamos su inteligencia, tenacidad y su deseo de hundirnos en busca de cuota de mercado y rentabilidad. Siempre asume que tu competencia es inteligente, competente, atenta e innovadora, y que piensa en las mismas cosas que tú para ganar clientes. No les subestimes.

Pregúntate: «¿Qué están haciendo bien?». Una vez sepas lo que están haciendo bien, lo que está permitiendo que atraigan ventas y cuota de mercado, pregúntate cómo podrías imitar creativamente a tus competidores a fin de ser mejor que ellos a ojos de tu cliente potencial.

¿Quién es tu no-competidor?

Un punto final en el análisis de la competencia es examinar a tus no-competidores. ¿Quién vende productos y servicios a tus clientes pero no está compitiendo contigo? Observar a tus no-competidores a veces puede abrir tu mente y permitirte ver las oportunidades de mercado que no existen hoy.

En la actualidad, el uso de alianzas estratégicas y empresas conjuntas con los no-competidores es una técnica de mercadotecnia muy poderosa. Encuentra un proveedor de éxito, un no-competidor, que esté vendiendo productos y servicios a exactamente el tipo de personas que deberían estar comprando tus productos y servicios. Acércate a este proveedor y hazle una oferta. Dile que si te presenta a sus clientes, tú le presentarás a los tuyos.

Dell ofreció sus productos informáticos en línea y por teléfono durante la mayor parte de su existencia. Entonces un día entró en alianza estratégica con Walmart. Las ventas se incrementaron en miles de millones de dólares e hizo de Dell temporalmente el fabricante de ordenadores personales más grandes del mundo. ¿En qué tipo de alianza estratégica podrías entrar con tus productos y servicios que daría lugar a un acuerdo ganador para ambas partes?

El gran estratega militar Sun Tzu era famoso por decir: «El que se conoce a sí mismo ganará algunas batallas. El que conoce al enemigo ganará aún más batallas. Pero el que se conoce a sí mismo y a su enemigo prevalecerá en cien batallas».

Cuando conozcas las fortalezas y debilidades de tus productos y servicios, y conozcas las fortalezas, debilidades y acciones probables o comportamientos de tus competidores, prevalecerás en cien batallas de mercado.

OCHO

Lograr ventaja competitiva

COMO HEMOS DICHO antes, el propósito de la mercadotecnia es crear la percepción de «valor añadido único» en la
mente de tus clientes. Para sobrevivir y crecer, cada oferta de
productos y servicios debe tener alguna ventaja competitiva
clara y distinta respecto a sus competidores en el mercado.

La ventaja competitiva es la clave del éxito de ventas y
de la alta rentabilidad. Es absolutamente esencial que seas
excelente en algún área específica que valoren los clientes.
Tienes que ser capaz de decir a tus clientes: «Te ofrecemos
lo mejor en esta área básica».

Cada persona de tu organización debería saber exactamente dónde, por qué y cómo tu empresa y producto o
servicio es superior a cualquier otro competidor del mercado. Si no eres claramente superior a tus competidores en
algún lugar y de alguna manera, en un área específica del
mercado, entonces todo lo que puedes esperar es la supervivencia, si acaso.

La regla del 80/20 revisitada

¿Recuerdas aquella vieja regla del 80/20? El veinte por ciento de las empresas de todos los sectores se llevan el ochenta por ciento de las ganancias. Esto significa que el ochenta por ciento de las empresas en una industria solo obtienen el veinte por ciento de las ganancias. Tu objetivo, tu ocupación principal, es entrar en el *ranking* del veinte por ciento y después ascender tan rápido como puedas en los meses y años venideros.

Toda estrategia de mercadotecnia y ventas se basa en la *diferenciación*. Se basa en mostrar a tus clientes exactamente cómo tus productos y servicios son diferentes y mejores que cualquier otro de los productos o servicios competitivos ofrecidos en el mercado. ¿Cuál es tu ventaja competitiva? ¿Qué haces u ofreces que provoca que tus productos o servicios sean superiores a los de tus competidores? ¿Cuál es tu área de excelencia?

Jack Welch, de General Electric, era famoso por decir que «si no tienes ventaja competitiva, no compitas». Una vez más, la claridad es la palabra más importante en este área. ¿Cuál es tu ventaja competitiva hoy? ¿Cuál *será* tu ventaja competitiva en el futuro? ¿Cuál *debería* ser tu ventaja competitiva si quieres destacar entre tus competidores? ¿Cuál *podría* ser tu ventaja competitiva si quieres liderar tu industria en ventas y rentabilidad? Y lo más importante, ¿qué cambios vas a tener que hacer de inmediato para desarrollar y mantener una ventaja competitiva que te permita alcanzar la supremacía del mercado?

El nivel de cinturón negro

Durante muchos años he estado entrenando karate, hasta el nivel de cinturón negro. Viajé y visité muchas escuelas de karate y me decidí por Shotokan Karate. En mi opinión, era la mejor escuela de karate entre las diez principales escuelas de karate en todo el mundo.

Entonces descubrí algo interesante. Los alumnos de todas las demás escuelas de karate estaban absolutamente convencidos de que su escuela de karate era superior a todas las demás. Esta actitud parece aplicarse también a los clientes. Más tarde descubrí que cada cliente tiene exactamente la misma mentalidad. Los clientes siempre compran lo que perciben como la mejor opción para ellos dentro del mercado, en todo momento.

Cuando los clientes compran un producto o servicio, en el momento de la compra, están convencidos de que este producto o servicio es superior a cualquier otra oferta competitiva y, por lo tanto, es la mejor opción para ellos. Esta conclusión puede estar basada en la realidad o en las percepciones creadas por la publicidad y la promoción. Puede ser resultado de las consideraciones sobre el precio, lo cual es importante para los clientes de Walmart, y puede estar basada en otros factores. Pero los clientes solo compran cuando están convencidos de que su compra es la mejor decisión que pueden tomar en ese momento, considerando todas las cosas.

Singularidad y diferenciación

Esto nos trae de vuelta a los conceptos de singularidad y diferenciación. ¿Cómo puedes hacer que tu oferta de productos destaque entre los productos de tus competidores de manera que tus clientes digan: «Se trata de un producto o servicio mejor para mí que cualquier otro que me ofrezcan»?

Defines tu ventaja competitiva —el motivo de compra de tus productos o servicios— en términos de beneficios, resultados o ventajas que tus clientes podrán disfrutar de la compra de tu producto o servicio, y que no disfrutarían plenamente con la compra del producto o servicio de tu competidor.

Descubrir, desarrollar y promocionar tu área de singularidad es vital en la consecución del liderazgo del mercado y una rentabilidad superior. A esto se le llama a veces tu «propuesta única de venta». Es algo que ofreces que tu cliente valora, que ningún otro competidor puede ofrecer y que hace a tu producto o servicio una opción más atractiva que cualquier otra cosa disponible.

Tu propuesta única de venta

Esta propuesta única de venta debe quedar clara en todos tus materiales de promoción. Se convierte en el corazón o núcleo de todos tus esfuerzos de publicidad y mercadotecnia. Es el único mensaje que te esfuerzas en transmitir a tus clientes potenciales de toda forma posible.

La mercadotecnia de éxito viene de pensar continuamente en lograr y mantener una ventaja competitiva sostenible. Este es el epicentro fundamental de todos los negocios exitosos. Todas las empresas que logran una clara ventaja competitiva, y la diferenciación de su competencia, con el tiempo ascienden hacia el veinte por ciento superior.

Desafortunadamente, si no tienes una ventaja competitiva, si tu producto o servicio es del tipo «yo también lo tengo», entonces la única manera de venderlo es reduciendo el precio. Pronto estás entre el otro ochenta por ciento de las empresas que también están compitiendo hacia la parte inferior mediante la reducción del precio. Al final del día hay poco o ningún beneficio para nadie.

La mayoría de estas empresas al final quiebran porque no pueden sobrevivir.

No dejes que esto te suceda. La mejor estrategia para ti y tu empresa es centrarte en la mejora de la calidad de tu producto o servicio de modo que sea universalmente reconocido como superior a cualquier otra cosa disponible. Una vez que hayas alcanzado esta percepción, venderás más, a precios más altos y a un menor coste de adquisición de clientes, y disfrutarás de mayores ventas repetidas y derivación de clientes que con cualquier otra estrategia.

NUEVE

Los elementos de la mercadotecnia

LOS ELEMENTOS DE la mercadotecnia son como una compleja receta de un plato especial que preparas en la cocina. Cada uno de los ingredientes es esencial. Cada uno de los ingredientes debe ser mezclado en la receta exactamente en la forma y cantidad correctas y en el momento justo, para que el plato resulte en un sabor delicioso.

Hay siete P en los elementos de la mercadotecnia. Un cambio en cualquiera de estos ingredientes puede dar lugar a un pequeño o un gran cambio en tu negocio. A menudo, un cambio en un elemento de una parte de los componentes de la mercadotecnia puede transformar tu negocio por completo, de una empresa pequeña a una grande o, si tienes mala suerte, de un gran negocio a uno pequeño. Vamos a verlos por orden.

El producto o servicio

El primer ingrediente de la mercadotecnia es tu producto o servicio. Este es el punto de partida. ¿Qué es exactamente lo que vendes? La primera parte de la respuesta a esta pregunta es tu producto o servicio en sí. ¿Qué es? ¿Cómo está hecho? ¿Qué hace? ¿Qué propósito tiene? Y así sucesivamente.

La segunda parte de la respuesta a esta pregunta, «¿Cuál es tu producto?», es lo que tu producto realmente «hace» para cambiar, mejorar o transformar la vida de tu cliente. Esta es la pregunta más importante que debes hacerte y contestar para el éxito de tu mercadotecnia.

¿Qué dirías? Sea cual sea tu respuesta, este es el corazón de tu negocio.

El precio

El segundo elemento de la mercadotecnia es tu estrategia de precios. Exactamente, ¿cuánto cuesta sacar tu producto o servicio, incluyendo todos los gastos directos e indirectos? Sobre esa base, ¿cuánto cobras o debes cobrar a fin de producir los beneficios suficientes para justificar tu presencia en este negocio?

Tu estrategia de precios puede marcar la diferencia entre ganancias altas y bajas. A veces, aumentar gradualmente tus precios unos pocos puntos porcentuales en el transcurso de un año puede afectar drásticamente a tu cuenta de resultados. Una pequeña pero consistente reducción de tus costes, sin sacrificar la calidad, puede aumentar tu rentabilidad sustancialmente.

Puede darse el caso de que tengas productos o servicios con los que en realidad estás perdiendo dinero cada vez que los vendes.

A veces, puedes añadir una nueva característica a tu producto existente y aumentar sustancialmente su valor percibido y su precio. A veces puedes eliminar una característica que a tus clientes no les importe y reducir costes, incrementando así tus ganancias.

La estrategia de precios es algo que debes visitar y revisar continuamente, para cada producto o servicio, a lo largo de la vida de tu negocio. Pequeños cambios en tus precios pueden conducir a cambios dramáticos en tu rentabilidad.

La promoción

El tercer componente de la mercadotecnia es la promoción. Este es un término general que define todo lo que vas a hacer para informar a tus clientes potenciales sobre tu producto o servicio y persuadirlos para que te compren a ti en lugar de a tus competidores.

La promoción comienza con tu estrategia de mercadotecnia. ¿Quién es tu cliente? ¿Qué considera valioso tu cliente? ¿Cuál es el principal beneficio o ventaja que tu producto o servicio ofrece y que ningún otro competidor puede ofrecer? ¿Cómo puedes explicar o ilustrar exactamente la razón más importante por la que los clientes deben comprarte a ti? Tu respuesta a esta pregunta, tu *propuesta única de venta*, se convierte en el corazón y núcleo de toda tu publicidad y actividades promocionales.

El punto de distribución

La cuarta P indica el lugar en el que vendes tu producto o servicio. ¿Cómo y dónde los clientes adquieren tu producto o servicio una vez que se han decidido a comprarlo? ¿Lo obtienen de ti directamente, desde tu oficina o tienda? ¿Lo envías por correo ordinario o electrónico? Cambiar el lugar donde vendes tu producto puede cambiar drásticamente el volumen de ventas del que disfrutas y la rentabilidad que generas.

Amazon se ha convertido en el mayor minorista en línea del mundo, en gran parte debido a los emplazamientos en los que localiza sus almacenes y la velocidad resultante con la que ofrece sus productos y servicios.

¿De qué manera puedes cambiar tu punto de distribución o lugar de trabajo, o la manera de entregar tu producto o servicio de forma que sea más conveniente y atractiva para tus clientes y que, por lo tanto, aumente y multiplique tu negocio? Esta es una de las grandes preguntas que pueden construir o desmontar un negocio.

La presencia

El quinto elemento de la mercadotecnia es la presencia, que se refiere principalmente a la impresión visual dejada por todas y cada una de las partes de tu negocio en tu cliente potencial.

Las personas son intensamente visuales. El noventa y cinco por ciento de la primera impresión que una persona obtiene de tu negocio, tu producto o tu servicio se basará en lo que vean con sus ojos. A continuación, tomarán una decisión en aproximadamente cuatro segundos sobre si tu producto o servicio es bueno, deseable, valioso, vale la pena el precio y/o es mejor que el producto o servicio de tus competidores. En los siguientes treinta segundos empiezan a usar lo que se llama «sesgo de confirmación». Esto es cuando justifican, racionalizan y se afirman en la decisión que tomaron en los primeros cuatro segundos de la percepción visual.

¿Qué podrías hacer, a partir de hoy, para mejorar la presencia de cualquier parte de tu negocio? ¿Cómo podrías hacer que la impresión visual de tus productos, servicios, personas o del negocio sea más atractiva y atrayente? ¿Cómo podrías mejorar el aspecto de tus folletos, material impreso y sitio web para que la gente quede inmediatamente impresionada con su atractivo al primer vistazo?

El posicionamiento

El sexto ingrediente de la mercadotecnia es tu posicionamiento. Este es uno de los elementos clave de la mercadotecnia y las ventas actuales, y es tan importante como cualquier otro factor. Tu posicionamiento se refiere a la forma en que tus clientes y no clientes piensan y hablan de ti después de haber utilizado tus productos o servicios, y cuando tú no estás allí.

Theodore Levitt, de la Escuela de Negocios de Harvard, dijo que «el activo más valioso de una empresa es su reputación».

Tu reputación es definida como «el modo en que eres conocido por los demás, especialmente por tus clientes».

¿Cómo son conocidos tu empresa y tus productos y servicios por tus clientes? ¿Cómo son conocidos o considerados tus productos y servicios por parte de tus no clientes o tus clientes potenciales? Es esencial que sepas las respuestas a estas preguntas y que estés trabajando en la mejora de estas respuestas.

Las personas

El séptimo componente de la mercadotecnia son las personas. En el análisis final, la gente no compra productos de empresas. Compran productos de las personas de aquellas empresas que se los venden a ellos. En mis seminarios de ventas, remarco una de las reglas de oro en ventas: «Un cliente no va a comprarte a no ser que esté convencido de que eres su amigo y que estás actuando en su mejor interés».

En nuestra explicación de «venta relacional», señalamos que es la forma en que el cliente se siente contigo —el contacto personal y humano— lo que determina en gran medida si el cliente va a comprarte a ti o a un competidor. Solo compramos de las personas que nos gustan o que son como nosotros de alguna forma.

Tu elección de las personas que interactúan con tus clientes puede ser el factor más importante que determine tu éxito o fracaso. Debes elegir a estas personas con sumo cuidado. ¿Quiénes son las personas clave dentro y fuera de tu negocio que determinan tu nivel de ventas? ¿Quiénes son las personas que dejan esa impresión final que determina la forma en que tus clientes piensan sobre ti cuando no estás?

La mercadotecnia de éxito se basa en la determinación exacta de los componentes correctos. Si tu producto o servicio no está vendiendo según las expectativas, o si tu empresa no está generando los beneficios que deseas, por lo general uno o más elementos de la mercadotecnia requiere una alteración. Este conjunto de acciones debe ser revisado continuamente y replanteado con el fin de producir las ventas más altas y la mayor productividad posibles. Y siempre hay múltiples maneras en que puedes mejorar uno o más de estos siete factores.

DIEZ

Estrategias de posicionamiento

EL POSICIONAMIENTO ES una parte vital de los elementos de la mercadotecnia y de la estrategia. Un enfoque en la estrategia de posicionamiento significa la estructuración de tu negocio en el mercado de tal manera que seas percibido como diferente y mejor que tus competidores.

¿Cómo quieres que tu producto, servicio y compañía sean vistos por tus clientes? ¿Qué te gustaría que dijeran de ti y de tus ofertas? ¿Cómo te gustaría que te describieran a otras personas? Si alguien fuera a llamar a uno de tus clientes para pedir una referencia o recomendación, ¿cómo te gustaría que tu cliente hablase de ti? Y lo más importante de todo, ¿cómo puedes lograr esta percepción ideal en los corazones y mentes de tus clientes?

¿De qué palabras eres propietario?

Tu posicionamiento está contenido en las palabras que los clientes utilizan para describirte, y para describir tu producto y servicio a los demás. Estas son las palabras que se activan cuando el nombre de tu empresa, producto o servicio es mencionado o cuando el cliente piensa en ellos durante el transcurso de un día.

¿De qué palabras eres propietario en la mente de tus clientes? ¿Qué palabras serían útiles que tuvieras asociadas en la mente de tus clientes? ¿Qué palabras podrían causar que tus clientes te compraran con más facilidad y les dijeran a sus amigos que te compren a ti? Tus respuestas a estas preguntas no pueden dejarse al azar. Son el factor fundamental de tu éxito o fracaso en los negocios.

Un clásico de la mercadotecnia

Al Ries y Jack Trout escribieron hace muchos años un libro titulado *Posicionamiento: la batalla por su mente*. Ahora es un clásico de la literatura de la mercadotecnia que cada persona de este negocio debería leer, incluso aunque le haga temblar un poco a medida que avanza en su lectura. Lo que Ries y Trout identificaron fue lo que es considerado por la mayoría de la gente como el motor del éxito en la mercadotecnia moderna.

Siéntate con tu gente clave y haz la pregunta: «¿Qué palabras nos gustaría que la gente usara cuando se refiera a nosotros?». Luego pregunta: «¿Qué tendríamos que hacer, a partir de hoy, para desencadenar esas palabras en la mente de nuestros clientes como resultado de la impresión que reciben cuando hacen negocios con nosotros?».

No dejes nada al azar

En su época, Sam Walton era el hombre más rico del mundo, con un patrimonio de más de cien mil millones de dólares. Él comenzó de joven con una tienda de ropa de descuento en Bentonville, Arkansas. Tenía un concepto simple: quería que su tienda estuviese considerada como una que se preocupaba por sus clientes y suministraba buena mercancía de calidad a precios justos. No los precios más bajos, pero sí buena calidad a precios justos. Se las arregló para conseguir esa percepción hasta el punto en que pasó a hacer de Walmart la empresa minorista más exitosa de la historia.

¿Qué percepción quieres crear? ¿Cómo de útil te sería que fueses visto así por tu cliente? ¿Te gustaría ser descrito como un líder en calidad? ¿Líder en servicio? ¿Líder en precios bajos? Reflexiona cómo quieres que la gente piense y se sienta sobre ti y tu negocio. ¿Qué podrías hacer a partir de hoy para empezar a crear esa percepción?

IBM creó la impresión de ofrecer el mejor servicio al cliente de cualquier compañía del mundo. Esa percepción se extendió tanto que personas que ni siquiera sabían mucho sobre IBM te dirían que la empresa daba un excelente servicio al cliente.

La percepción que generas en el exterior solo puede lograrse si realizas cambios críticos fundamentales en el interior de tu negocio. En otras palabras, no puedes crear una falsa percepción que dure demasiado tiempo. Una percepción de los clientes que perdure debe ser un verdadero reflejo de la estructura interna y los valores de tu organización. Únicamente puede estar basada en la forma en que tratas a tus clientes cada vez.

Así que de nuevo: ¿cómo puedes posicionar tu producto o servicio para que destaque sobre tus competidores? ¿Cómo puedes conseguir que la gente sienta que tu producto o servicio es diferente, mejor, y que vale la pena pagar en contraste con el de los demás?

ONCE

Cuatro principios de estrategia de mercadotecnia

TODA ESTRATEGIA de negocio es estrategia de mercadotecnia. Tu capacidad para atraer clientes potenciales determina tu éxito en los negocios. Tú eres responsable de tomar decisiones estratégicas vitales para tu negocio, especialmente en estas cuatro áreas.

Especialización

Es el producto, servicio, cliente, mercado o área de tecnología en la que centras todos tus esfuerzos. Se convierte en el «motor» de tu mercadotecnia, ventas y actividades de negocio.

Puedes especializarte en un producto en particular y concentrarte en ofrecer un valor añadido único a esa categoría de producto que sea mejor, más rápido, más barato y superior al de tus competidores.

En el mismo sentido, puedes tener un enfoque orientado al servicio en la especialización. Puedes ofrecer un servicio específico a un grupo específico de mercado y concentrarte en hacer tu servicio el mejor, el más barato, el más conveniente y el más atractivo de todos los que ofrecen un servicio similar a los mismos clientes.

Puedes tener un enfoque orientado al cliente, como el practicado por Walmart. Walmart se centra en clientes que «viven de cheque en cheque». La idea original de Sam Walton era ofrecer buenos productos a buenos precios para la gran mayoría de los consumidores de Estados Unidos, y en las áreas de mercado posteriores en que Walmart entró.

Tal vez apuntes a un mercado específico como tu área de especialización. El mercado puede ser local, estatal, nacional o incluso internacional. Pero cuando eliges un área de mercado en particular, tu enfoque es especializarte en esa zona y ofrecer algo de mayor valor que cualquiera de tus competidores en la misma zona.

Puedes especializarte en *tecnología*, o incluso en una capacidad específica con la que cuenta tu empresa y de la que no disfrutan tus competidores. Muchas empresas se especializan en un canal de distribución en particular, como Amway, Avon o Herbalife.

Diferenciación

Este es el motor de la mercadotecnia, y la razón principal para el éxito o fracaso del negocio. Tu área de diferenciación es el lugar donde te distingues de las restantes empresas que compiten para vender un producto similar a los mismos clientes.

He aquí un ejercicio para ti: imagina que todos tus competidores desaparecieran de pronto del mercado y que te quedases solo como único proveedor de tu producto o servicio particular. ¿Qué diferencia marcaría eso en tus ventas y rentabilidad? Me imagino que eso te permitiría convertirte en una de las empresas más exitosas y rentables de tu industria, si no del mundo entero.

Aquí está la pregunta: ¿cómo puedes diferenciar tu producto o servicio de manera tal que, en lo que se refiere al cliente, tú seas la «única opción» en la compra de este producto o servicio en el mercado actual?

Segmentación

Muchos expertos en mercadotecnia actuales dicen que toda la promoción del futuro dependerá de tu capacidad para segmentar tu mercado con precisión. Los miles de millones de dólares gastados en la investigación de mercado cada año van dirigidos en gran medida a determinar con cierta precisión quién es exactamente el cliente que va a comprar tu producto o servicio, compitiendo con otras empresas que quieren a ese mismo cliente.

La pregunta es: «¿Quiénes son los clientes, precisamente, que más aprecian tu área de especialización y tu área de singularidad o superioridad, y quiénes quieren exactamente estas características y beneficios que eres más capaz de proporcionar?».

¿Cómo describirías a tu cliente perfecto o ideal? ¿Quién es exactamente tu mercado objetivo: esos clientes en el océano de clientes que pueden y van a comprarte más fácilmente debido al valor añadido único que ofreces o que puedes ofrecer al modificar tu producto o servicio de alguna manera?

Comienza con su demografía. ¿Cuál es la edad de tu cliente ideal? ¿El género? ¿Su rango de ingresos?

¿Educación? ¿Ocupación o profesión? ¿Dónde viven o trabajan? ¿Y cuál es la situación familiar o el nivel de formación familiar?

La segunda parte de la definición de tu cliente ideal tal vez es más importante. Es lo que llamamos la «psicografía». Es lo que ocurre dentro de la mente de tu cliente ideal que tendrá un mayor impacto en si el cliente te compra, compra a otra persona o no compra nada.

¿Cuáles son exactamente las principales metas y ambiciones de tu cliente potencial ideal? ¿Cuáles son sus deseos, necesidades y motivaciones al tomar una decisión de compra? ¿Cuáles son sus esperanzas, sueños y aspiraciones para el futuro que tu producto o servicio puede ayudarle a hacer realidad?

¿Cuáles son los miedos, dudas o preocupaciones que tu producto o servicio puede quitar a tu cliente, o que pueden interponerse en el camino de la persona que te compra?

Sobre todo, ¿cuáles son los problemas en la vida de tu cliente ideal que tu producto o servicio puede resolver? ¿Qué necesidades puede tu producto o servicio satisfacer? ¿Qué objetivos les ayudará a lograr? ¿Qué incomodidad puede quitar a tu cliente ideal?

Concentración

Este es el cuarto pilar de la estrategia de mercadotecnia, que fluye naturalmente del desarrollo de tu claridad acerca de tus áreas de especialización, diferenciación y segmentación. Tú conoces lo que ofreces y lo que no. Conoces la razón o razones por las que la gente debería comprarte a ti en lugar de a otra persona. Has identificado al cliente ideal para tu producto u oferta de servicios. Ahora la cuarta etapa es que te concentres en el propósito único de ir a por esos clientes que pueden e irán a comprarte en un plazo razonable de tiempo.

¿Cuáles son las mejores maneras posibles de anunciarte y comunicarte con tus clientes ideales?

¿Cuáles son los mejores medios posibles que te permiten comunicarte con el mayor número de clientes potenciales al precio más bajo posible? En especial, ¿cuáles son los atractivos que puedes ofrecer que desencadenarán respuestas de compra inmediata o incluso instantánea?

Tu plan de mercadotecnia

Cuando combines los siete elementos de la mercadotecnia con los cuatro principios estratégicos, saldrás con un gran plan de promoción.

Un buen plan de mercadotecnia tiene varias ventajas. En primer lugar, atrae un flujo constante de clientes potenciales, un río de clientes potenciales que fluyen hasta tu sitio web o lugar de trabajo. Un buen plan de mercadotecnia hace hincapié en tu propuesta única de venta una y otra vez, comunicando constantemente a los clientes qué es lo que ofreces exactamente en forma de «valor añadido único» que te hace ser el mejor y la única opción para la compra de tu producto o servicio.

La mercadotecnia es extremadamente compleja en un mercado altamente competitivo, pero al mismo tiempo, es bastante simple. Determina exactamente quiénes son tus clientes ideales y lo que quieren. Y a continuación, encuentra una manera de darles lo que quieren, y dárselo mejor, más rápido y más barato que tus competidores.

DOCE

Elegir el campo de batalla

TU ESTRATEGIA de venta y mercadotecnia consiste en elegir contra quién vas a competir y sobre qué base.

Si decides cambiar tu oferta de productos o tus mercados, y los clientes a los que estás ofreciendo tus productos y servicios, cambias a quién será tu competencia. Del mismo modo que si eres un país rodeado por otros países y decides ir a la guerra, es la dirección de tu ataque lo que va a determinar toda tu planificación.

Cambia a tu cliente, cambia a tu competencia

Un ejemplo perfecto viene de nuevo de la decisión de Steve Jobs/iPhone de competir en una nueva área de tecnología e innovación donde Apple nunca había participado antes. Apple vio la oportunidad de producir un teléfono móvil que era completamente diferente a todo lo que se ofrecía en el mercado, e introducir nuevas tecnologías que mejoraran la calidad y la capacidad de disfrutar del teléfono mucho más allá de cualquier cosa que Nokia, BlackBerry o Sony Ericsson estaban produciendo.

En la elección del campo de batalla, empiezas con tu cliente. ¿Qué es lo que tus clientes actuales están demandando o querrán en los próximos años? ¿Cómo puedes desarrollar o adaptar nuevas tecnologías para satisfacer al cliente del mañana? Toda la planificación de mercado comienza pensando en el cliente y en lo que tienes que hacer para que sea feliz.

Tal vez puedes decidir cambiar a tu cliente, y buscar un mercado que esté desatendido o no esté adecuadamente atendido por tus competidores. Al elegir nuevos clientes a los que satisfacer, o nuevos productos o servicios que ofrecer a tus clientes actuales y futuros, cambias completamente la naturaleza de tu campo de batalla de mercadotecnia. Puedes cambiar el futuro de tu negocio.

Fortalezas frente a debilidades

Pregúntate: «¿Cuáles son las fortalezas y debilidades de mi competencia en mi mercado existente y en los nuevos mercados en los que podría entrar?».

La fortaleza de BlackBerry era su enorme éxito en la prestación de los teléfonos para gente de negocios. Su gran debilidad fue que se convenció tanto de su superioridad que dejó la innovación tecnológica y se convirtió en un blanco fácil para el iPhone de Apple y el Samsung Galaxy cuando llegaron. De ser un líder en el mercado a la quiebra pasaron cinco cortos años. Eso no habría pasado si los creadores de BlackBerry hubiesen dedicado tanto tiempo, dinero e investigación en la mejora de su producto como lo hicieron recompensándose a sí mismos con bonos y dividendos.

¿Cuáles son las fortalezas y debilidades de tus competidores? ¿Cómo podrías minimizar sus fortalezas y explotar sus debilidades? ¿Dónde sus fortalezas y debilidades te ofrecen oportunidades de mercado que nadie percibe en este momento?

Al mismo tiempo, identifica tus propias fortalezas, y busca formas de compensar tus debilidades con respecto a tu competencia.

Piensa en la respuesta competitiva, las acciones que tu enemigo tomará para defender y proteger sus ventas e ingresos, sus clientes. Si decides entrar en el mercado con un nuevo producto o servicio, o entrar en un nuevo mercado con tu producto o servicio existente, o aumentar tu presupuesto de publicidad para ir detrás de una mayor cuota de mercado, ¿qué es lo más probable que hagan tus competidores? No van a sentarse tranquilamente a permitirte que invadas su mercado, como hizo BlackBerry.

Preserva tus recursos

Una de las batallas más famosas de la historia antigua fue la que hubo entre el ejército romano y el ejército griego, bajo el rey Pirro. Al final de la batalla, las fuerzas de Pirro habían derrotado a los romanos, pero con una merma de alrededor del cincuenta por ciento de su ejército.

Cuando alguien lo felicitó por ganar esta gran batalla contra los romanos, hizo el famoso comentario que ha sido citado a lo largo de la historia: «Una victoria más como esta y estaré acabado».

El año siguiente, los romanos volvieron. Tuvo lugar otra batalla. Pero las fuerzas de Pirro habían quedado tan devastadas tras ganar la primera, que fue completamente abrumado por la frescura del ejército romano, y perdió tanto su reino como su vida.

En los negocios, es muy importante que no logremos una «victoria pírrica». Es muy importante que si vas a alcanzar un cierto nivel de superioridad en el mercado, no te cueste tanto dinero que la victoria sea realmente vana al final de la contienda.

Cambia tu producto y competencia con cuidado

Cambiar tu negocio cambia a tu competidor, y cambiar a tu competidor cambia tu negocio. Recuerda que las acciones y reacciones de tus competidores determinarán tu crecimiento, cuota de mercado y rentabilidad. Como buen estratega, debes estudiar a tus competidores cuidadosamente y prever exactamente lo que podrían hacer en respuesta a todo lo que hagas para entrar en nuevos mercados o introducir nuevos productos y servicios. También debes prefijar si puedes ganar una cuota de mercado sustancial frente al nuevo competidor al que piensas desafiar.

TRECE

Principios militares en la estrategia de mercadotecnia

LA HABILIDAD MÁS importante con la que cuentas como vendedor es tu capacidad de pensar mejor que tus competidores. Cada idea que tienes en tu caja de herramientas mental te da una ventaja que te permite pensar de manera diferente y mejor que los demás. Hay siete principios clave en la estrategia de mercadotecnia que puedes utilizar para mejorar tus esfuerzos de promoción.

El principio del objetivo

Este es el punto de partida de la estrategia de mercadotecnia, y quizás la parte más importante de la estrategia en la vida. Dijimos anteriormente que la palabra más importante en el éxito del negocio es la *claridad*. Esto requiere que tengas absolutamente claras tus metas y objetivos para cada uno de tus esfuerzos de mercadotecnia.

Piensa sobre el papel. Establece objetivos claros en términos de plan y organización, sobre los costes y los recursos necesarios para llevar a cabo tus actividades de mercadotecnia y los resultados financieros exactos que anticipas o esperas. Mantente en tensión. Mídete y establece puntos de referencia frente a los cuales puedas comparar tu rendimiento. Recuerda: «No puedes acertar en un blanco que no puedes ver. Lo que se mide se hace».

Define claramente tus objetivos de mercadotecnia y asígnales números y fechas. Luego continúa esforzándote por «acertar sobre tus números» y por mejorar tu rendimiento.

El principio de la ofensiva

Napoleón dijo: «Ninguna gran batalla se ganó alguna vez a la defensiva». Para que tengas éxito en la mercadotecnia debes practicar una «ofensiva continua». Debes intentar cosas nuevas constantemente y desechar las viejas ideas que no funcionan.

Parece haber una relación directa entre el número de nuevas ideas que intentas en la mercadotecnia y la probabilidad de encontrar la manera ideal de presentar tu producto o servicio que haga que suenen el teléfono o la caja registradora.

Cuidado con el señuelo de la «zona de confort». Muchas personas usan un método de promoción que les aporta un mínimo de éxito y pronto se enamoran de él y se resisten al cambio por cualquier razón. Eso no es para ti. Tú debes estar continuamente buscando formas de mejorar tus resultados de mercadotecnia. Y siempre hay maneras de lograr este objetivo. Tu necesidad es encontrarlas.

El principio de la masa

Las grandes batallas se ganan al concentrar tus fuerzas en el área débil del enemigo. Tu capacidad para enfocarte y concentrarte en tu mejor mensaje, y apuntar a tu mejor cliente, es una clave esencial para el éxito en la mercadotecnia.

El principio de la maniobra

Maniobrar en términos militares significa moverse rápidamente y estar listo para probar diferentes enfoques y métodos de ataque. En la mercadotecnia, nos referimos a maniobrar como creatividad e innovación: la búsqueda de formas mejores, más rápidas y más atractivas de comunicarse con nuestros clientes y conseguir que consideren la compra de nuestro producto o servicio.

Practica el pensamiento por defecto. Haz la pregunta: «¿Hay algo que esté haciendo en mis esfuerzos de mercadotecnia que, sabiendo lo que ahora sé, no volvería a hacer?».

Permanece preparado para mantenerte a un alto nivel. Permanece preparado para abandonar los métodos y las técnicas de mercadotecnia que pueden haber funcionado en el pasado, pero que no funcionan hoy.

Una excelente manera de ampliar tu creatividad en la mercadotecnia es el estudio de la publicidad y promoción de tus competidores y no competidores más exitosos. Cuando empecé a escribir publicidad para una agencia grande, pasé muchas, muchas horas estudiando los anuncios más exitosos de la historia, y a los más exitosos ejecutivos y redactores publicitarios. Es increíble lo mucho que puedes aprender exponiéndote continuamente a los esfuerzos de mayor éxito de los demás.

El principio de esfuerzo concertado

En términos militares, el esfuerzo concertado significa la coordinación simultánea de todas las fuerzas para realizar un ataque contra el enemigo. En los negocios, esto se refiere al trabajo en equipo. En la promoción, la idea de esfuerzo concertado se refiere a tu trabajo en estrecha colaboración con todos los que participan en el esfuerzo de mercadotecnia, desde las personas que desarrollan el producto o servicio en primer lugar, hasta los vendedores y los representantes de servicio al cliente que hablan con tus clientes finales una vez que han comprado y utilizado el producto.

Alfred P. Sloan, el soberbio ejecutivo que montó y convirtió a General Motors en una de las mayores empresas mundiales, desaparecía de su oficina durante una semana al mes. Nadie sabía dónde había ido, y cuando regresaba, no decía nada.

Más tarde, se descubrió que Sloan conducía varios cientos de kilómetros desde Detroit y trabajaba durante una semana en un concesionario de coches de General Motors, hablando e interactuando con clientes, recopilando sus comentarios francos y observaciones sobre las fortalezas y debilidades de las ofertas de General Motors. Sloan volvía entonces a su oficina plenamente informado, y mucho mejor informado que sus ejecutivos, y era capaz de guiar a GM para tomar excelentes decisiones de diseño y promoción.

Una parte muy importante de tu esfuerzo de equipo es involucrar a tus clientes. Invítales a comentar continuamente acerca de tu producto o servicio; pregunta cómo piensan y se sienten al respecto. Yo enseño este concepto una y otra vez: «Tus clientes te harán rico si les haces preguntas suficientes y escuchas sus respuestas».

Tu objetivo debería ser involucrar a todas las personas de tu organización que están en contacto con los clientes de algún modo, y obtener continuamente comentarios que te permitan comunicarte con los clientes de manera más efectiva. Una idea que venga de una persona puede transformar los resultados de tus esfuerzos de mercadotecnia.

El principio de la sorpresa

En términos militares, todas las grandes victorias se ganan como resultado de hacer algo que el enemigo no esperaba. En la Segunda Guerra Mundial, las fuerzas aliadas desembarcaron en Normandía cuando eran esperadas en Calais. Los alemanes atacaron el casi intransitable bosque de las Ardenas, cuando se esperaba que atacaran mucho más al norte.

Apple anunció su nuevo iPhone al mercado mundial y sorprendió a Nokia y a BlackBerry con la guardia baja, lo que llevó a su subsiguiente «derrota» o desaparición del mercado de la telefonía móvil.

¿Qué estrategias de mercadotecnia podrías aplicar que sorprendan a tus competidores? ¿Qué mensaje u oferta podrías presentar que provoque que los clientes potenciales de tu producto o servicio vengan en masa a comprarte?

El principio de explotación

En términos militares, esto se refiere a la estrategia de seguir adelante con todas tus fuerzas cuando logras un gran avance de algún tipo. En la promoción, se refiere a que explotes totalmente cualquier avance que puedas lograr en tu mercado como resultado de un mensaje o enfoque de mercadotecnia excelente.

Cuando desarrollas un mensaje de promoción que obtiene resultados extraordinarios, duplica y triplica tan rápido como puedas tu mercadotecnia para sacar el máximo provecho de tu nueva posición en el mercado. Recuerda que tus competidores van a responder rápida y agresivamente, por lo que no puedes perder el tiempo cuando logres un éxito o un gran avance.

Piensa en ti como en un general al mando de tus «fuerzas de mercadotecnia». Piensa continuamente acerca de cómo puedes implementar y volver a implementar tus recursos para lograr victorias en el juego de «la guerra de la mercadotecnia».

CATORCE

Las tácticas de mercadotecnia de la distracción y la disuasión

¿CÓMO PUEDES utilizar tus fortalezas para ganar una posición superior en el mercado? Si estás empezando con un buen producto o servicio, y ves una oportunidad de vender un montón a buen precio y con beneficios, debes estar entonces seguro de que tus competidores no vean lo que estás haciendo y se apresuren a competir por el mismo cliente.

Es una ley de la economía que cada vez que hay «beneficios por encima del mercado», los competidores se lanzarán a ese mercado para ofrecer sus productos y servicios. Por ejemplo, en el mercado inmobiliario, cuando hay un auge, los empresarios individuales, sin coordinación entre sí, se lanzan a construir y ofrecer más hogares y propiedades. Pronto el mercado está sobresaturado, y los altos precios que atrajeron a los competidores se convierten en precios bajos que a menudo los echan fuera del negocio.

No tientes a tus competidores

Tus competidores entrarán en cualquier mercado donde ellos perciban que hay beneficios superiores a la media. Todo lo que puedas hacer para desviar su atención de tu rentabilidad potencial o real, te da una posición más duradera y fuerte en el mercado.

Si alguna vez un competidor o alguien de quien no te fías te pregunta cómo va el negocio, dile siempre que es una lucha constante. «El mercado está muy difícil. Estamos luchando por cada dólar».

Aparece indigno de atención

La primera estrategia cuando entras en un mercado potencialmente rentable es aparecer indigno de atención. Aparenta ser demasiado pequeño e insignificante, y da la impresión de que vas detrás de un segmento muy pequeño del mercado.

Si esta fue la estrategia de Apple con el iPhone, no lo sé. Pero podría muy bien haberlo sido, porque sus competidores infravaloraron el iPhone e ignoraron las actividades de mercadotecnia de Apple hasta que fue demasiado tarde. La segunda acción es que, cuando alcances altos niveles de beneficios con las ventas, no hagas grandes anuncios o alardees de tu éxito hasta que estés tan por delante de tu competencia que nunca puedan atraparte. No agites una bandera roja frente a la cara del toro de los competidores agresivos.

Muchas empresas utilizan la estrategia de establecerse firmemente en el mercado y luego anunciar que ahora son tan grandes, fuertes y están tan plenamente arraigadas que su competencia debería irse a otro lugar. A veces esta estrategia tiene éxito, y a veces no, pero la percepción de lograr de repente el dominio del mercado en un producto u oferta de servicios particular a menudo hará que tus competidores busquen otro lugar para las ventas y la rentabilidad.

Mantén tus planes en secreto

Sé reservado, sobre todo con nuevas ofertas de productos o donde veas enormes oportunidades de mercado. Sé lo más discreto posible hasta que estés listo para ponerte en marcha, tal como Apple practicó un secretismo casi obsesivo antes del lanzamiento del iPod, el iPhone y el iPad. Cuando se lanzaron estos productos, se vendieron muchos millones de unidades en unos pocos meses.

Apple ha construido una reputación de fuerte control y protección de su información interna antes de la introducción de nuevos productos.

Usando otra vez la estrategia militar, no quieres que tus rivales vean «el despliegue de tus ejércitos». Esta fue una estrategia practicada por Napoleón. Concentrando sus fuerzas en secreto, fue capaz de ganar una gran batalla tras otra en una de las carreras militares más largas y de mayor éxito de la historia.

Napoleón mantenía deliberadamente sus divisiones del ejército separadas y aparte en una amplia zona geográfica hasta que estaba listo para una batalla importante. Entonces hacía que todas sus divisiones convergieran y se agruparan de forma simultánea en un solo lugar para la batalla. A menudo reunía a sus ejércitos en tan solo veinticuatro o cuarenta y ocho horas para completa sorpresa del enemigo. Cuando él ofrecía batalla casi siempre tenía superioridad numérica en el momento del contacto. Fue capaz de abrumar a prácticamente todos los ejércitos de Europa porque era capaz de permanecer en la sombra hasta estar listo para dejarse ver y lanzar todo su ejército.

Esto mismo es lo que deberías hacer. Mantén en silencio tus actividades de desarrollo de productos y servicios. Actúa como si fueras a tu negocio cotidiano. Impón un manto de secretismo sobre tus nuevos productos para que tus competidores no tengan ni idea de lo que estás a punto de hacer. En términos militares, la sorpresa es una estrategia esencial para la gran victoria en el mercado.

Reorienta su atención

Busca la forma de redirigir la atención de tus competidores lejos de tus principales productos, servicios y mercados. Si tienes un producto de alta rentabilidad y productos de baja rentabilidad, cuando la gente te pregunte cómo va el negocio, redirige su atención a tus productos poco rentables de alto volumen para que tus competidores comiencen a pensar que ahí es donde está el mercado, y donde deberían estar canalizando sus energías. Anima a tus competidores a perseguir los mercados menos rentables para ti. Permanecer reservado y privado con tus áreas de productos más rentables es una estrategia de mercadotecnia clave.

La tendencia natural de muchos negocios es hacer sonar sus cornetas, presumir de sus éxitos de mercado. Realizan llamativos anuncios públicos sobre las áreas donde generan los beneficios más altos. Agitan la bandera roja delante del toro y animan a sus competidores a precipitarse sobre esos mercados con sus propios productos o servicios, aunque la calidad competitiva no sea tan buena. Con el tiempo, sus ventas, beneficios y cuota de mercado disminuyen. Esto es lo que sucede cuando animas a otros competidores a entrar en tu mercado.

QUINCE

Practica la estrategia de ser «el primero y al máximo»

NATHAN BEDFORD Forrest se enroló como soldado y posteriormente se convirtió en general de caballería del ejército confederado durante la guerra civil. Sus enfoques no convencionales de la guerra le permitieron alcanzar una serie de victorias sin precedentes entre las fuerzas del Sur. Uno de sus métodos favoritos era «el primero y al máximo».

Él creía que el general que pudiera reunir a todas sus tropas de forma simultánea en un solo lugar antes de que el enemigo se diera cuenta de lo que estaba haciendo lograría la superioridad necesaria para ganar. Y tuvo razón, una y otra vez. Movía constantemente a sus ejércitos para engañar al enemigo y luego los reunía y concentraba en un punto clave donde superaba a las fuerzas del Norte cada vez.

En la mercadotecnia, esto se refiere a la estrategia de desarrollar un producto o un servicio superior y luego sacarlo al mercado por todas partes, de golpe, antes de que tu competencia sea consciente de lo que está sucediendo.

Esta estrategia tiene como objetivo el liderazgo del mercado, para poderte convertir en el número uno de tu segmento de mercado. No solo es una estrategia de alto riesgo, sino que también es potencialmente la estrategia de ganancias más altas.

La estrategia de ser «el primero y al máximo» es ideal para un nuevo producto o servicio con una clara ventaja competitiva o singularidad que lo diferencia de cualquier otra cosa ofrecida en el mercado actual. Esta estrategia te permite obtener una ventaja inmediata de mercado mediante el uso de dos de los principios más poderosos de la estrategia: la sorpresa y la explotación.

El principio de la sorpresa

Como se ha descrito en el capítulo trece, el principio de la sorpresa en la guerra es emprender una acción no prevista por el enemigo. Hay muchas maneras de aplicar el principio de la sorpresa en los negocios, como la combinación de tus productos para crear nuevas ofertas más valiosas o rebajar tus productos para hacerlos más asequibles a más clientes. A veces, las empresas obtienen una ventaja al abandonar un mercado completo y concentrar sus recursos en un mercado diferente; es el equivalente a cuando el general Forrest movía sus tropas hacia donde no se las esperaba.

Por desgracia, muchos líderes socavan el principio de la sorpresa en sus propias empresas, puesto que crean un ambiente que castiga la asunción de riesgos. Si tus directivos o empleados tienen miedo de hacer algo nuevo porque nunca se les permite fallar, tu empresa tiene pocas posibilidades de sorprender a la competencia.

El principio de la explotación

El principio de la explotación se refiere a sacar el máximo provecho de una victoria. Los líderes militares aprovecharán de inmediato cualquier tipo de ventaja o avance, volcando sus recursos en la brecha que han conseguido abrir para obtener una victoria decisiva. El mismo enfoque se debe aplicar a los negocios: a cualquier avance debe seguirle inmediatamente una acción concertada, tanto si eso significa mejorar una venta a nuevos clientes como iniciar un nuevo programa de desarrollo de productos justo después de un exitoso lanzamiento de producto.

La estrategia de Apple

Apple es un ejemplo del éxito de la estrategia de ser «el primero y al máximo». Cada vez que Apple anuncia un nuevo producto o una mejora de un producto ya existente, crea suspense en el mercado para que el mundo entero esté observando y esperando. Luego, casi de un día para otro, el nuevo producto está disponible en todo el mundo. Usando esta estrategia con el iPhone 5S y 5C, Apple vendió más de nueve millones de unidades en las setenta y dos horas siguientes al lanzamiento del producto, generando miles de millones de dólares en ventas y beneficios, para gran consternación de los principales competidores de Apple.

¿De qué manera puedes utilizar esta estrategia para introducir un nuevo producto o servicio en toda tu área de mercado, prácticamente de la noche a la mañana? La competencia está observando. ¿Cómo puedes ser más astuto que ella?

DIECISÉIS

Usa la estrategia de «Golpéales donde no miran»

A MENUDO se la llama la «estrategia del espacio en blanco». Mira tu mercado e identifica un producto o servicio que nadie esté ofreciendo y que encajaría perfectamente en el espacio en blanco entre lo que existe y lo que puedes llevar al mercado.

Cuando comenzó Domino's Pizza, había miles de pizzerías que ofrecían el menú estándar de platos de pizza, incluyendo la misma zona de mercado donde se montó el primer Domino's Pizza.

El espacio en blanco que identificó el fundador de Domino's, Tom Monaghan, fue que cuando los clientes pedían pizza, la velocidad era más importante que la calidad. Cuando un cliente llamaba para un pedido, *ya tenía* hambre y con ganas de comer tan pronto como fuera posible. Monaghan llenó este espacio en blanco ofreciendo entregar la pizza en treinta minutos, y luego reestructuró todo el proceso de producción de pizzas para permitir a su compañía alcanzar ese objetivo.

El resto es historia. Hoy en día hay más de ocho mil restaurantes de Domino's Pizza en todo el mundo, y hace mucho tiempo que Tom Monaghan se retiró cómodamente con una fortuna de casi dos mil millones de dólares. Este no es un mal resultado por la identificación de un espacio en blanco claro y evidente para cualquiera, pero que todos los competidores ignoraron excepto Domino's.

Ofrece algo mejor, más rápido, más barato

Busca maneras de introducir un nuevo producto o una combinación de servicios en un mercado existente donde nadie esté ofreciendo ese producto o servicio en particular. Haz algo diferente e inesperado en el mercado. Puedes crear un producto de imitación y hacer uno mejor que el de tus competidores. Mediante la práctica de la imitación creativa, tomas lo que tus competidores están haciendo y lo mejoras para anticiparte a la percepción del mercado.

Otro ejemplo de golpearles donde no miran fue cuando una empresa de pasta de dientes en un mercado copado agregó una fórmula antiplaca y casi de un día para otro relegó los dentífricos estándar a un estatus de segunda clase.

Muy poco después, Colgate introdujo una fórmula de blanqueamiento en su pasta de dientes que nadie más estaba ofreciendo, y también relegó rápidamente a muchos de sus competidores al estatus de segunda categoría.

¡Solo imagínatelo! Vas a la tienda a comprar pasta dental para ti y tu familia y tienes que elegir entre una pasta de dientes estándar, una pasta de dientes antiplaca o una pasta de dientes con una fórmula de blanqueamiento. ¿Cuál elegirías? Y muy poco después, otra empresa salió con una pasta de dientes que tenía tanto una fórmula anti-placa como una fórmula blanqueante, y ganó la carrera una vez más.

Reposiciona tu producto

También puedes golpearles donde no miran mediante el perfeccionamiento y el reposicionamiento de tu producto. Durante muchos años, el refresco 7Up luchó para competir contra Coca-Cola y Pepsi. El fabricante de refrescos cambió entonces totalmente de estrategia y posicionó a 7Up como la «anticola».

En lugar de competir contra Coca-Cola y Pepsi, el fabricante enfatizó que 7Up era una bebida transparente, con cítricos e impactante en lugar de un refresco de cola de color oscuro.

Reposicionándose así, fueron capaces de aumentar su cuota de mercado de refrescos del catorce al veinte por ciento en tan solo unos pocos años, lo que se traduce en cientos de millones de dólares de aumento en ventas y rentabilidad.

Ofrece más que tus competidores

Otro lema famoso basado en el reposicionamiento fue el anuncio de alquiler de coches de Avis que decía, comparándose con el gigante mundial Hertz: «Somos los segundos; nos esforzamos más».

Este mensaje conectó con los clientes potenciales que no solo querían dar una oportunidad al más débil, sino que reconocieron que si Avis se «esforzaba más», el cliente probablemente conseguiría una oferta mejor. Las ventas de

Avis crecieron y crecieron, y con el tiempo se convirtió en la empresa número dos en el mercado del alquiler de coches, a pesar de que nunca había sido el número dos en toda su historia.

Otra forma en que puedes golpearles donde no miran es añadiendo algo nuevo y diferente a tu producto para que sea completamente diferente del producto existente, diferenciándolo así de tus competidores. Podrías añadir un accesorio o un servicio adicional que aumente el valor y el atractivo de lo que ofreces y cambie la percepción de los clientes de tu empresa.

Ofrece algo nuevo

Cuando Apple presentó iPhone, también hizo algo completamente revolucionario. En contraste con la estrategia de beneficios llevada a cabo por Apple durante años, que era mantener toda la tecnología patentada y en casa, abrió su infraestructura para permitir que las personas desarrollaran aplicaciones para iPhone. En pocos meses, la presa se rompió. Hoy en día hay más de ochocientas mil aplicaciones disponibles para iPhone, más que para cualquier otro teléfono inteligente en el mercado, y muchos de los desarrolladores de aplicaciones se han convertido en millonarios, e incluso en multimillonarios.

Hoy en día, hay más de un millón de empresarios que trabajan solos o en grupo para desarrollar la siguiente nueva «aplicación rompedora» para iPhone y teléfonos Android, todos con la esperanza de llenar un «espacio en blanco» con un nuevo servicio que genere un gran uso del mercado y potencialmente una nueva fortuna empresarial.

DIECISIETE

Domina un nicho de mercado

UTILIZAS ESTA estrategia cuando dominas un profundo nicho de mercado con un producto o servicio que todo el mundo quiere y debe tener. Te conviertes en el único proveedor de alta calidad de un producto o servicio que todo el mundo quiere y nadie está ofreciendo.

Por ejemplo, los usuarios de teléfonos inteligentes pasaron rápidamente del correo electrónico a la mensajería SMS. Pero la mensajería SMS requiere tiempo y concentración, así que está prohibido en gran parte de las carreteras del país. Para llenar el nicho de mercado del deseo de los usuarios de móviles de comunicarse fácilmente y al instante con sus amigos y socios, dos compañías desarrollaron rápidamente nuevas aplicaciones, WeChat y WhatsApp.

Con cualquiera de estas aplicaciones, puedes tocar el icono, seleccionar de forma rápida el nombre del destinatario y dictar un mensaje que se transmitirá, en cuestión de segundos, a cualquier parte del mundo. En muy poco tiempo, WeChat tenía más de doscientos millones de usuarios (principalmente en China), y WhatsApp se ha convertido en la aplicación dominante de las comunicaciones de voz en el resto del mundo.

Crea algo esencial

Otro ejemplo de esta estrategia se llama «nicho de peaje». Aquí es donde desarrollas un producto o servicio que alguien de un negocio o industria en particular necesita tener con el fin de obtener el máximo valor de otro producto o servicio que es esencial para su negocio o vida personal.

Mi ejemplo favorito de esta estrategia de «nicho de peaje» es Hughes Drilling, fundada por el padre de Howard Hughes hace muchos años. Él fue el primer inventor en diseñar, desarrollar y comercializar una broca de diamante para la perforación de pozos de petróleo.

En un momento dado, alguien le preguntó si realmente necesitaba una broca de diamante Hughes (que era muy cara). Su respuesta fue que los perforadores de petróleo siempre tenían dos opciones. Podían usar su broca para perforar en busca de petróleo, o podían utilizar una pala.

En el lapso de un par de años, todas las empresas de perforación de petróleo del mundo no tuvieron más remedio que resignarse y pagar los precios que Hughes les exigía. Sus brocas eran absolutamente esenciales para la extracción rentable.

Desarrolla un servicio especializado

Otra estrategia es que desarrolles una habilidad especial o servicio que sea tan importante que nadie más pueda prescindir de él y aún así obtenga el mismo resultado. Un ejemplo perfecto es Microsoft, que desarrolló un conjunto de programas de oficina que las personas necesitaban para obtener resultados en sus negocios con eficiencia y rendimiento. Microsoft luego mejoró constantemente su paquete de programas, añadiendo nuevas características y bajando al mismo tiempo el precio, de manera que ningún otro competidor podía entrar en el mercado.

Esta estrategia de crear un producto que sea indispensable para las operaciones de negocios eficientes, aumentando su calidad y bajando continuamente su precio, permitió a Bill Gates convertirse en el hombre más rico de Estados Unidos, con una fortuna que a día de hoy (2014) se estima en 72 mil millones de dólares.

¿Cómo puedes reposicionar uno o más de tus productos existentes de tal manera que se vuelvan absolutamente indispensables para cualquier persona que utilice otro producto o servicio? ¿Cómo puedes dominar un nicho de mercado con algo que sea mejor, más rápido y más barato que cualquier otra cosa disponible?

Recuérdate continuamente el concepto de la necesidad de «valor añadido único». Tu enfoque central es tanto desarrollar como demostrar que lo que tú ofreces posee un valor añadido único que los clientes simplemente deben tener si quieren estar felices y satisfechos.

DIECIOCHO

Estrategias de crecimiento de mercadotecnia creativas

¿**CÓMO PUEDES** hacer crecer tus mercados? Hay cinco estrategias básicas de crecimiento de mercadotecnia creativas.

Primero, puedes vender más de tus productos existentes en tus mercados mediante su modificación, una publicidad más eficaz, agrupándolos, dispersándolos, ampliando tus canales de distribución o reduciendo el precio. ¿Cuál de estas diferentes estrategias podrías utilizar para vender más de tus productos existentes en tus mercados actuales?

En segundo lugar, puedes vender productos y servicios nuevos en tus mercados existentes a tus clientes actuales. Piensa en qué otras ofertas podrías crear para complementar los productos y servicios presentes en los que ya has establecido canales de credibilidad y de distribución.

¿Qué deseos adicionales, necesidades y anhelos tienen tus clientes que podrías satisfacer con nuevos productos y servicios que serían complementarios a los que ya vendes?

Recuerda, el ochenta por ciento de los productos que se compran y utilizan serán diferentes en cinco años. La tasa de obsolescencia de los productos de hoy es más breve de lo que ha sido en toda la historia humana, a excepción de los meses y años venideros. Debes desarrollar continuamente nuevos productos y servicios para reemplazar los que han pasado su fecha de vencimiento en el mercado actual.

Entra en nuevos mercados

En tercer lugar, ofrece tus productos existentes a nuevos mercados que nunca hayas explotado antes. Busca diferentes mercados a los que puedas apuntar con tus productos, tanto a nivel nacional como internacional.

Recuerda, el ochenta por ciento de tus clientes potenciales ni siquiera son conscientes de que existe tu producto o servicio, ni de cuánto mejor podrían estar si te compraran.

En cuarto lugar, y muchas veces es la estrategia más difícil, desarrolla nuevos productos para nuevos mercados. La historia de Apple, con el iPod, el iPhone y el iPad convirtiéndola una vez en la empresa más valiosa del mundo, es un ejemplo perfecto de nuevos productos en nuevos mercados.

Otro ejemplo podría ser Facebook, que pasó de una idea a más de mil millones de clientes en menos de diez años e hizo a un gran número de personas extremadamente ricas.

Mark Zuckerberg y sus compañeros sintieron que había una gran necesidad en la gente de utilizar la tecnología de forma rápida y eficiente para comunicarse y conectar con otras personas en una área amplia. A partir de esta idea básica, Facebook ha ampliado la vasta gama y variedad de actividades de conexión posibles para un suscriptor, transformándose en uno de los productos empresariales más exitosos y de mayor crecimiento de la historia.

¿Qué nuevos productos y servicios puedes desarrollar para nuevos mercados utilizando tus capacidades, recursos, mano de obra y de producción existentes? Piensa de forma creativa.

Una estrategia final es que identifiques productos y servicios excelentes producidos por otras compañías que serían ideales para tus clientes. Puedes entrar en empresas conjuntas y alianzas estratégicas para convertirte en un canal de promoción de productos y servicios de otras personas. Esta puede ser una estrategia de alta rentabilidad y de bajo riesgo que puedes implementar a modo de prueba inicial.

DIECINUEVE

Utiliza otras formas de vender

HAY COMO treinta maneras diferentes de vender un producto o servicio. Por desgracia, la empresa media se enamora de una o tal vez dos formas distintas de vender sus productos, y luego se centra únicamente en esos métodos y estrategias. De este modo, las empresas pierden enormes oportunidades potenciales de ventas.

Hoy en día, hay varias maneras diferentes con las que puedes vender tu producto o servicio por Internet. Además, hay ventas por teléfono, pequeñas y grandes ventas al por menor, venta directa, al por mayor, catálogos, periódicos, franquicias, distribuidores, ventas multinivel, en el hogar, televisión, radio y ventas por otros medios de comunicación, incluyendo el teléfono móvil, así como a través de empresas mixtas, alianzas estratégicas o incluso ferias.

Miles de compañías venden millones y miles de millones de dólares en productos o servicios con uno o más de estos métodos diferentes de venta cada año. Si estás utilizando solamente uno o dos de estos métodos, simplemente una única forma adicional de vender tus ofertas podría duplicar tu negocio y hacerte líder del mercado.

Encuentra oportunidades a través de los canales de distribución

Los canales de distribución son el modo en que llevas la mercancía de tu negocio hasta el usuario final. Las maneras de trasladar los productos al mercado son en muchos casos más importantes que los propios productos. Los canales de distribución existen y perduran mucho tiempo después de que los productos y servicios se hayan vuelto obsoletos y abandonen el mercado.

¿Qué productos adicionales podrías vender a través de tus canales de distribución existentes? Digamos, por ejemplo, que tu canal de distribución es a través de tu sitio web. ¿Qué métodos adicionales de venta podrías ofrecer en línea que puedan ser distintos o complementarios a lo que estás ofreciendo hoy? ¿Qué canales de distribución adicionales se adaptan a tu oferta actual?

Observa lo que están haciendo tus competidores. ¿Están utilizando canales de distribución diferentes al tuyo? A veces cambiar tu canal de distribución puede marcar una diferencia significativa en la cantidad de productos y servicios que pones en el mercado.

¿Qué nuevos productos o servicios podrías crear para tus canales de distribución existentes? ¿Podrías crear y desarrollar nuevos productos y servicios acordes con tus líneas de productos ya existentes?

¿Qué productos completamente diferentes a cualquier cosa que hayas ofrecido podrías crear para canales nuevos o antiguos de distribución?

Una historia de éxito

Por ejemplo, durante muchos años Avon tuvo una de las empresas más exitosas de venta al por menor de cosméticos del mundo, con sus distribuidoras llamando a las puertas y realizando venta directa en los hogares de sus clientes. Las señoras iban de puerta en puerta haciendo demostraciones de productos, dejando catálogos y tomando pedidos, y vendieron cientos de millones de dólares en productos de esta manera.

Sin embargo, el mercado cambió. Cada vez más clientas femeninas empezaron a trabajar. Así que Avon empezó a llamar a las oficinas y no a los hogares, y las señoras que hasta entonces iban de casa en casa empezaron a ir de oficina en oficina con los mismos productos. Cambiaron de las ventas en viviendas a la venta comercial y en oficinas.

Al mismo tiempo, Avon actualizó y cambió los cosméticos, haciéndolos más atractivos y deseables, y después añadieron joyas y otros accesorios que las mujeres trabajadoras querían y estaban dispuestas a comprar. Como resultado, Avon se convirtió en la empresa de mercado directo de mayor éxito en el mundo.

Tanto IBM como Dell revolucionaron sus negocios informáticos y aumentaron sus ventas en miles de millones de dólares al ofrecer sus productos propios a través de puntos de venta que eran propiedad de otras compañías. Ambas compañías habían mantenido las ventas y entregas de forma interna. Cuando comenzaron a ofrecer sus productos a través de minoristas, fueron expuestos a millones de clientes potenciales. Fueron capaces de duplicar y triplicar su entrada en el mercado de los ordenadores personales y demás dispositivos.

Durante muchos años, Apple vendió todos sus productos en línea, directamente y a través de puntos de venta. Entonces empezó a abrir tiendas de Apple, usando el estudio de mercado, la iluminación, el diseño y la tecnología más sofisticados para crear la que es hoy la experiencia de compra y venta más ejemplar del comercio minorista mundial.

Hasta que las tiendas de Apple abrieron, con su increíble sensibilidad y su enfoque en la satisfacción del cliente y la venta indirecta, la joyería Tiffany's de Nueva York era la empresa minorista de mayor recaudación, con 2,600 dólares por metro cuadrado. Hoy, sin embargo, las tiendas de Apple suman 4,600 dólares brutos por metro cuadrado, y lo hacen «vendiendo sin vender».

Profesionaliza el proceso de ventas

¿Cómo vendes en realidad tu producto o servicio? ¿Cuál es el proceso de venta específico desde el primer contacto con el cliente por correo electrónico, teléfono o cara a cara, y qué es exactamente lo que la gente pregunta y dice en cada etapa del proceso?

En la mayoría de pequeñas empresas, todo el mundo dice lo que le viene a la mente en cada contacto con el cliente. No hay consistencia o uniformidad. Los resultados de ventas son también inconsistentes e impredecibles. Pero a medida que las empresas crecen, se dan cuenta de que necesitan un proceso de ventas demostrado que todo el mundo siga, desde el primer contacto con el cliente hasta el cierre de la venta y la entrega del producto.

La mayoría de las empresas de éxito hacen hincapié en la profesionalidad de sus actividades de ventas. De hecho, una empresa con una fuerza de ventas profesional bien entrenada puede vender cantidades más altas y cobrar precios más altos que una empresa con un producto quizá mejor, pero que se vende de forma aleatoria y fortuita.

Los pequeños cambios en la forma en que haces mercado (que es el camino para atraer clientes interesados) y vendes (que es la forma de convertir a clientes interesados en compradores reales) puede mejorar drásticamente tus ventas y tu rentabilidad. Unas ventas y mercadotecnia mejores pueden marcar toda la diferencia entre una pequeña y una gran empresa.

En cada gran empresa nacional, hay sedes donde venden cinco y diez veces más que el promedio de otras sedes, a pesar de que el número de personal de ventas, el tamaño del mercado y los precios de los productos son los mismos. En todos los casos, esto se debe a que los vendedores están entrenados a fondo y están cuidadosamente dirigidos, de manera que sus actividades de ventas son consistentes y previsibles.

VEINTE

El concepto del paquete de recursos

UNO DE LOS conceptos más importantes en mercadotecnia se llama «el concepto del paquete de recursos». Como ejercicio mental, observa a tu empresa como un conjunto de recursos que es capaz de producir y vender muchos productos y servicios, no solo los que estás ofreciendo hoy en día.

Céntrate principalmente en los recursos humanos, intelectuales y de producción. Con esto en mente, ¿qué nuevos productos o servicios podrías producir con tu personal, habilidades, equipos y estructura financiera actuales para atraer a nuevos clientes en nuevos mercados?

Mirar tu negocio como un conjunto de recursos puede ayudar a librarte de la limitación de pensar solo en términos de productos y servicios que ahora ofreces, a los clientes y mercados a los que ahora sirves. Piensa en tu paquete de recursos como algo capaz de producir una variedad de productos y servicios rentables para otros mercados rentables.

Nuevos productos en conjunto

Uno de los mejores ejemplos de este concepto de paquete de recursos es Intel. En la década de los años 70 y 80, Intel se convirtió en el líder mundial de chips de ordenador, utilizados en prácticamente todos los dispositivos de consumo, grandes y pequeños, incluyendo tostadoras y lavadoras, para mejorar su eficiencia. Pero entonces los coreanos y taiwaneses entraron en el mercado con chips de ordenador de la misma o mejor calidad a precios infinitamente más bajos, llevando a Intel a un momento decisivo.

La gente de Intel, incluyendo al entonces presidente Andrew Grove, se dieron cuenta de que no había futuro para ellos con los chips de ordenador. Entonces tomaron la decisión de cambiar todo el negocio hacia la fabricación de microchips para ordenador. Esto requirió que Intel vendiera sus primeras instalaciones de fabricación de chips, cientos de millones de dólares en fábricas, y pusiera todos sus recursos en la construcción de nuevas fábricas de nuevos productos para el creciente mercado de los ordenadores personales.

Como puedes imaginar, se encontraron con una tremenda resistencia, tanto a nivel interno, de los ingenieros y el personal cuyos medios de vida se verían afectados por el cambio, como a nivel externo, de los clientes y sus competidores en el mercado. Pero Grove se mantuvo en sus trece y apostó por la transición. En pocos años, las palabras «Intel Inside» se convirtieron en el «patrón de oro» de los ordenadores personales, e Intel pasó a ser una de las empresas más exitosas y rentables del mundo.

Explora tus opciones

Tal vez necesitas comenzar un nuevo negocio o división para explorar nuevas posibilidades de desarrollar y vender nuevos productos y servicios a nuevos mercados con nuevos canales de distribución. Una mente abierta y flexible es esencial en la mercadotecnia. Muchas empresas que tienen éxito hoy pueden estar vendiendo algo totalmente diferente dentro de cinco o diez años... probablemente lo harán. Además, nuevos productos y servicios pueden ofrecer mayores oportunidades de beneficio que cualquier cosa que hayas hecho hasta ahora.

¿Cuáles son las tendencias? ¿Hacia dónde va el mercado? ¿Qué necesitan tus clientes hoy que no les estás ofreciendo y tienes la capacidad de ofrecerles? ¿Qué querrán tus clientes en el futuro, y cómo puedes comenzar a desarrollar nuevos productos y servicios para estar listo cuando tus clientes lleguen allí?

VEINTIUNO

Cuatro maneras de cambiar tu negocio

EN LOS NEGOCIOS y en la vida solo hay cuatro maneras en las que puedes lograr cambios sustanciales.

La primera es que puedes «hacer más de algunas cosas». ¿Qué deberías estar haciendo más? La respuesta es que deberías hacer más de esas cosas de las que estás obteniendo los mejores resultados; esas cosas que están teniendo éxito; aquellas actividades que te llevan a los niveles más altos y más fiables de ventas y rentabilidad.

Es increíble cómo muchas empresas ignoran este principio básico. Gastan la misma cantidad de tiempo y dinero promocionando toda su línea de productos en lugar de identificar aquellos productos y servicios que tienen el potencial de ser extremadamente exitosos y rentables en el mercado si reciben el suficiente tiempo y atención.

La segunda forma en que puedes cambiar es «haciendo menos» de otras cosas. ¿Y qué deberías hacer menos? La respuesta es simple. Deberías hacer menos de esas cosas que te están reportando menos resultados que las otras cosas que estás haciendo.

Sigue aplicando la regla del 80/20 a tu negocio. El ochenta por ciento de tus productos y servicios están contribuyendo solo al veinte por ciento de tus ventas y rentabilidad. Muchas compañías tienen la política estratégica de discontinuar el diez o veinte por ciento de su línea de productos cada año, y al mismo tiempo tienen la meta de obtener el veinte por ciento de sus ventas procedentes de nuevos productos y servicios cada año.

Las dos primeras formas de cambiar tu negocio y mejorar tus ventas son hacer más de algunas cosas y menos de otras. ¿Qué debes hacer más o menos?

Sal de tu zona de confort

La tercera forma de cambiar tus ventas y resultados de mercadotecnia es empezar a hacer algo completamente nuevo y diferente. Esta es una de las acciones más difíciles. La mayoría de personas están atrapadas en una «zona de confort» en la que luchan y se esfuerzan por permanecer, sin que importe lo que está sucediendo a su alrededor.

Esto explica el síndrome del «no inventado aquí» que provoca que empresas como Nokia, que desarrolló gran parte de la tecnología original para el iPhone y el iPad, rechazaran esas tecnologías porque tenían miedo de que pudieran interrumpir sus negocios existentes.

Esta es una debilidad importante en la mercadotecnia y las ventas. Las empresas se enamoran de sus productos o servicios y entonces se resisten a otros productos y servicios que puedan mermar su negocio actual. Esto es lo que causó la caída de BlackBerry y Nokia, y la decadencia y caída de empresas de todos los tamaños, en todo el mundo y cada año.

Entonces, ¿qué es lo que necesitas empezar a hacer con el fin de sobrevivir y prosperar en el mercado actual? En su excelente libro *Compitiendo por el futuro*, Gary Hamel y C. K. Prahalad escribieron que toda empresa debe proyectarse cinco años en el futuro y organizarse para dominar el mercado en ese momento. Tú deberías hacer lo mismo con regularidad, como un ejercicio de pensamiento.

Crea tu propio futuro

A continuación regresa a tu pensamiento actual y pregúntate: «¿Qué vamos a tener que empezar a hacer hoy para liderar nuestra industria dentro de cinco años?».

¿Qué productos y servicios adicionales necesitaremos? ¿Qué habilidades y competencias adicionales necesitaremos? ¿Qué vamos a tener que hacer más o hacer menos? ¿Qué necesitaremos empezar a hacer, y a empezar de inmediato, para estar listos para ser líderes del mercado dentro de cinco años?

Empezar algo nuevo es una de las cosas más difíciles. Es por eso que Confucio escribió: «Un viaje de mil leguas comienza con un solo paso». Para que puedas empezar algo nuevo en tu negocio, el primer paso es siempre el más difícil. Pero el primer paso es siempre el más necesario si vas a crear el futuro en lugar de ser víctima del mismo.

Michael Kami, el planificador estratégico, dijo estas famosas palabras: «Los que no planifican el futuro no pueden tener uno».

Hay otro refrán que dice: «Para lograr algo que nunca has logrado antes, tendrás que hacer algo que nunca hayas hecho antes. Tendrás que desarrollar habilidades que nunca antes habías tenido. Tendrás que ofrecer productos y servicios que nunca has ofrecido antes. Tendrás que convertirte en una persona diferente a la que hayas sido antes».

Practica el pensamiento por defecto

La cuarta forma de cambiar tu vida y tu trabajo es dejar de hacer ciertas cosas del todo. Hay muchas actividades que consumen tu tiempo y dinero que pueden haber sido valiosas una vez, pero ya no lo son. Debido a la influencia de la zona de confort, muchas personas malgastan mucho su tiempo haciendo cosas que no tienen que hacer en absoluto.

Practica el pensamiento por defecto en todos tus esfuerzos de mercadotecnia. Hazte la pregunta: «¿Hay algo que esté haciendo hoy que, sabiendo lo que sé, no empezaría a hacer si tuviera que hacerlo de nuevo?».

¿Hay algún producto o servicio que no pondrías en el mercado hoy, sabiendo lo que sabes? ¿Hay alguna actividad de mercadotecnia o de ventas que no empezarías a hacer hoy, sabiendo lo que sabes ahora? ¿Hay algún proceso del negocio en el que estés involucrado y que, sabiendo lo que sabes ahora, no pondrías en marcha si tuvieras que hacerlo de nuevo?

Al hacerte esta pregunta con regularidad, continúas despejando tu mente y abriéndote a nuevas posibilidades. Es increíble y lamentable cómo muchas empresas están obcecadas en hacer cosas que, sabiendo lo que saben, jamás pondrían en marcha de nuevo y que requieren tiempo y gastos innecesarios. Permanecer encerrado en lo viejo e impracticable te resta la energía que necesitas para desarrollar nuevos productos y servicios, y nuevas formas de promocionarlos que son más apropiadas para el mercado.

Mantén tu mente abierta

Sé creativo. Resiste la zona de confort. Niégate a seguir el camino de la menor resistencia, haciendo lo que siempre has hecho en el pasado. Busca maneras nuevas, mejores, más rápidas, más baratas, más fáciles, más convenientes y menos costosas para la promoción y venta de tus productos y servicios. Permanece abierto a la posibilidad de que cualquier cosa que estés haciendo hoy pronto quedará obsoleta por los cambios del mercado y la competencia agresiva. Permanece abierto al cambio, y cuando tengas una idea, actúa con rapidez antes de que alguien más lo haga.

Como Satchel Paige, el jugador de béisbol, dijo una vez: «No mires atrás. Alguien podría alcanzarte».

Resumen y conclusión

LA MERCADOTECNIA ES la más emocionante de todas las disciplinas de negocio. Es el motor de cualquier negocio exitoso. Cambia continuamente en respuesta a la explosión de información, la expansión de la tecnología y la agresividad de la competencia, a todos los niveles y en todas partes.

Toda estrategia de negocio es estrategia de mercadotecnia. Tu capacidad de pensar con claridad y correctamente acerca de las mejores estrategias de mercadotecnia, y de cambiar continuamente y mejorar tus actividades, es la clave para el futuro de tu negocio.

Afortunadamente, al igual que todas las habilidades de negocio, la mercadotecnia se puede aprender con la práctica, la experimentación y cometiendo continuos errores. La clave es probar, probar y probar. Y cualquiera que sea la estrategia de promoción que te funciona hoy, no importa lo exitosa que sea, pronto quedará obsoleta y tendrá que ser sustituida por una nueva o distinta estrategia de mercado.

Tu competencia determina tus ventas, tu cuota de mercado y tu rentabilidad. Y tu competencia nunca ha sido más decidida y agresiva de lo que es hoy. Tu trabajo consiste en ser mejor, más rápido y más creativo que tus competidores, superándolos continuamente en el mercado para alcanzar el liderazgo. Afortunadamente, no hay límites a lo que puedes lograr, a excepción de los límites que te impongas a ti mismo.

¡Buena suerte!

ÍNDICE

ACERCA DEL AUTOR

BRIAN TRACY es orador, preparador, líder de seminario, consultor y presidente de Brian Tracy International, una compañía de formación y consultoría situada en Solana Beach, California.

Brian impulsó su camino hacia el éxito. En 1981, en charlas y seminarios por todo Estados Unidos, comenzó a enseñar los principios que había forjado en ventas y negocios. Hoy sus libros y sus programas de video y audio —más de 500— están disponibles en 38 lenguas y son usados en 55 países.

Es el autor superventas de más de cincuenta libros, incluyendo *Full Engagement* y *Reinvention*.